Karoline Erdmann

Ich tanze mit der Angst – ich tanze mit der Freude

Nach der Diagnose Krebs – wie ich
durch Tanz das intensive Leben entdeckte

HERDER

FREIBURG · BASEL · WIEN

Originalausgabe

Gedruckt auf umweltfreundlichem,
chlorfrei gebleichtem Papier

2. Auflage

Alle Rechte vorbehalten – Printed in Germany
© Verlag Herder Freiburg im Breisgau 2002
www.herder.de
Satz: Dtp-Satzservice Peter Huber, Freiburg
Herstellung: fgb · freiburger graphische betriebe 2003
www.fgb.de
Umschlaggestaltung und Konzeption:
R·M·E München / Roland Eschlbeck, Liana Tuchel
Umschlagmotiv: EBV-Studio Freiburg
Photos im Buch: Manuel Sanchez · www.SW-Fotowerkstatt.de
EBV-Studio Freiburg · Dr. M.-Ch. Eisenbrand, Rheinfelden · Anne Caffier
ISBN 3-451-05244-X

MOTTO

Für mich ist das Leben ein Tanz, ein wunderschöner Tanz, manchmal traurig, manchmal fröhlich, aber es ist immer ein Tanz. Dieser Tanz wird von der Diagnose Krebs und meinem veränderten Aussehen nicht beeinträchtigt, sondern bekommt dadurch einen neuen Impuls.

Viele Frauen leben mit der Diagnose Brustkrebs. Viele leben damit im Verborgenen. Verborgenes bleibt unbewusst. Die Konfrontation mit dem Tod kann uns zu den weisen Frauen der Gesellschaft machen oder wir können uns in den „blinden Kampf gegen den Krebs" verstricken. Der Krebs kann eine Erfahrung sein, durch die wir wachsen, leben und zur Blüte kommen.

INHALT

Vorwort 9

Diagnose 11

Die innere Vorbereitung 17

Meine Möglichkeiten 26

Die Entscheidung 36

Der Abschied 39

Die Klinik 45

Nach der Operation 53

Die Unruhe 62

Es arbeitet in mir 66

Zurück in den Alltag 69

Die Chemotherapie 75

Auf dem Weg zur Heilung 85

Bilder sprechen 90

Träume 95

Die Suche nach weiteren Behandlungsmöglichkeiten . . 98

Das Abenteuer mit der Brustprothese 105

Neue Aspekte 108

Tango Argentino 112

Schuld und Ursache 117

Mein „griechischer Gott" 122

Ein Schock 128

Meine Wut 137

Ein überraschender Tango-Auftritt 141

MammaTango 146

Ich tanze mit dem Leben – ich tanze mit dem Tod . . . 152

Anmerkungen 158

VORWORT

Menschen mit Krebs verbergen sich. Krebs entwickelt sich im Verborgenen. Verborgenes bedroht und ängstigt.

Das Ringen mit der Krankheit Krebs ist ein Ringen mit der Angst. Es ist ein Wahrnehmen und Erkennen der eigenen Ängste, der Ängste der Mitmenschen und sehr häufig auch der Ängste der Ärzte und Therapeuten. Die Therapie von Krebs kann sich nicht in der Entfernung des Tumors erschöpfen. Die stoffliche Zerstörung des Tumors – einziges Ziel der gängigen Therapien – greift stets zu kurz.

Im vorliegenden biographischen Bericht werden die Leserinnen und Leser unter anderem mit den Ängsten der Ärzte konfrontiert, die radikale Maßnahmen zur „Ausmerzung" des Tumors veranlassen möchten. Dies erscheint auf der seelischen Ebene oft wie ein Ritual zur Bannung der Angst und setzt für die Ratsuchenden zugleich ein Tabu: …„Wenn du nicht tust, was wir sagen, dann bist du an deinem Leiden und seinen Folgen selber schuld…".

Heilung von Krebs kann sein: die Wahrnehmung der Angst und der Mut, sich auf die Suche nach seelischen Kräften zu machen, um diese Angst zu überwinden.

Dieses Buch ist der bewegende Aufruf:
– an die Betroffenen, Entwicklungs-Möglichkeiten in der Krankheit zu entdecken und
– an die Therapeuten und Therapeutinnen, die eigenen Ängste im Umgang mit der Krankheit „Krebs" bewusster zu erfahren und diese Ängste nicht in der Suche nach Erleichterung auf die Kranken zu übertragen.

Ein mutiges und ermutigendes Buch, das den Verlust und die Angst offen beschreibt und sie ins Licht des sozialen Raumes stellt. Es schildert den Weg der Autorin hin zu einem Gewinn an innerer Klarheit und zur Reifung der Seele.

Jörg Wahl, Arzt

DIAGNOSE

Ich verließ die Praxis und sah wieder den entsetzten Blick der Gynäkologin vor mir, als sie den Knoten in meiner Brust tastete. Genau das, was ich erwartet hatte, war eingetroffen: Ich wurde zur Eile gedrängt, dahinter spürte ich Panik, Hetze und Unklarheit. In drei Tagen wollte ich nach Griechenland fahren. Was sollte ich tun? In meiner Tasche war eine Überweisung zum Röntgen. Ich muss zugeben, dass ich doch ein bisschen schockiert war über die Reaktion der Ärztin.

Es war ein sonniger Tag, mein Fahrrad lehnte an der Mauer vor der Praxis, und ich hatte noch ein bisschen Zeit, bevor ich meine Kinder aus dem Kindergarten und der Schule abholen musste. Die Praxis des Röntgenologen war gerade um die Ecke. Ich überlegte: Am Samstag fing mein Urlaub an. Nach Kreta fahren und „wissen" oder nach Kreta fahren und „nicht wissen"? Irgendwann müsste ich ja doch eine Mammographie machen lassen. Also setzte ich mich auf mein Rad und fuhr auf gut Glück und ohne Termin zum Röntgenologen.

Schon nach einer halben Stunde stand ich mit entblößten Brüsten vor dem Apparat. Ich erinnerte mich an die Mammographie, die ich mit 17 Jahren machen lassen musste. Meine arme kleine Brust wurde in einer Maschine zusammengequetscht. Natürlich hatte ich Angst. Der Knoten tat ja schon weh, wenn ich ein zu enges Kleidungsstück trug. Zumindest konnte ich jetzt, im Alter von 42 Jahren, die Sprechstundenhilfe vorher fragen, wie die Mammographie gemacht werden würde, und ich konnte ihr mitteilen, dass meine Brust sehr empfindlich war. Ich fühlte mich dadurch nicht mehr so ausgeliefert wie früher.

Danach das Warten auf die Entwicklung der Aufnahme. Das erste Mal dieses Gefühl, als wäre in mir ein Drahtseil zum Zerreißen gespannt. An dem einen Ende eine unbekannte Hölle, an dem anderen Ende die Hoffnung, dass alles ein großer Irrtum war.

Der Röntgenologe bat mich in sein Zimmer. Er hatte die Aufnahme vor sich auf dem Bildschirm und wollte noch eine Ultraschalluntersuchung machen. Ich hasse Untersuchungen, aber ich ließ auch diese zu. Als er mit seinem Ultraschallgerät über meinen schmerzenden Knoten fuhr, erklärte er mir, es sei eine verwachsene Milchdrüse, die man sofort operieren müsse. Ich fragte ihn, warum „sofort", wenn es nur eine verwachsene Milchdrüse sei? Er konnte oder wollte das nicht plausibel begründen. Er drängte nur noch einmal auf eine baldige Operation.

So radelte ich nach Hause und holte meine Kinder ab. Tausend Gedanken wirbelten durch meinen Kopf. Im nächsten freien Augenblick arrangierte ich doch noch einen weiteren Termin bei der Gynäkologin. Dann telefonierte ich mit meiner Schwester. Es war das erste Mal, dass ich heulte. Meine Schwester geriet völlig in Panik und wollte, dass ich mich sofort operieren ließ. Darüber war ich entsetzt. Eine halbe Stunde später rief sie mich noch einmal an, um zu sagen, dass sie mit einem Chirurgen gesprochen hatte, der mir absolut davon abriet, nach Kreta zu fahren, und auch meinte, ich sollte mich sofort operieren lassen. Ich war noch entsetzter. Ein Chirurg, der mich nicht einmal kannte, hatte anhand einer für mich noch völlig unklaren Diagnose eine Entscheidung gefällt, ohne *mich* dabei auch nur im Geringsten in Betracht gezogen zu haben.

Ich wusste, ich wollte diese zwei Wochen Urlaub und ich brauchte sie. Eine halbe Stunde später bat ich meine Schwester, nicht mehr anzurufen. Ihre Angst und Sorgen brachten mich eher aus dem Gleis. Das Telefonat war nicht leicht. Meine Schwester war mir sehr nahe. Dann rief ich meinen Freund Pieter in Berlin an, mit dem ich eigentlich nach Kreta fahren wollte. Ich weinte schon wieder. Pieter war einfach wunderbar, er konnte mich ein bisschen beruhigen. Was auch immer geschah, was auch immer ich entscheiden würde, es wäre in Ordnung.

Darauf führte ich ein Gespräch mit einem befreundeten Homöopathen, und wir machten einen Termin für denselben

Abend aus. Kurze Zeit später kamen zwei Schülerinnen von mir zum Abendessen. Ich sagte ihnen, was passiert war. An meiner Art, wie ich über die Diagnose redete, merkte ich, dass ich in keiner Weise daran glaubte, Krebs zu haben. Die beiden passten dann auf meine Kinder auf, als ich zum Homöopathen fuhr. Ich erzählte ihm von der Diagnose und von meiner Vermutung, dass ich eine Brustentzündung hätte. Durch die Geburten meiner beiden Töchter waren meine Brüste weicher geworden, aber vor ein paar Monaten hatte eine Stelle begonnen, sich zu verhärten und zu schmerzen. Es fühlte sich an wie die Brustentzündung, die ich während der Stillzeit schon einmal gehabt hatte. Ich hatte mir eine homöopathische Creme besorgt und gewartet, dass es wieder abklingen würde.

Ich wusste nicht viel über Brustkrebs und hatte auch nie den Verdacht, dass ich Brustkrebs haben könnte. Soviel mir bekannt war, tat ein Tumor nicht weh und schwoll auch nicht plötzlich an. So hatte ich einige Zeit gebraucht, bis ich den gynäkologischen Termin vereinbarte. Der Knoten war inzwischen größer geworden, und ich spürte ihn vor allen Dingen, wenn ich im Ballett mein enges Trikot anzog. Dann konnte ich ihn sogar als kleine Beule rechts unten in meiner Brust erkennen. Außerdem merkte ich, dass ich nachts nicht mehr auf dem Bauch schlief, weil es unangenehm war.

Der Homöopath testete, auf welche Mittel ich ansprach. Auf das Präparat für fehlbildende Zellen reagierte ich nicht, jedoch zeigte sich eine Schwäche bei den Brüsten, was auf ein anderes Mittel hinwies. Er gab mir auf meine Frage hin auch noch den Namen eines Chirurgen, den er für Brustoperationen empfehlen konnte. Ich fuhr ein bisschen beruhigter zurück.

Später sagte ich dann meinem Ex-Mann Bescheid. Er hatte geplant, mit den Kindern für zwei Wochen in die Ferien zu fahren. Er war schockiert und riet mir, eine sofortige Operation in Betracht zu ziehen. Er meinte, ich sollte mich nicht auf diesen Urlaub versteifen. Nach diesem Gespräch hatte ich das unangenehme Gefühl, dass ich mal eben „das mit der Operation" erledigen sollte, damit ich dann wieder fit war. Ich ärgerte mich.

Ich verabredete mich für den nächsten Tag mit Holger, einem befreundeten Arzt. Zum Glück war seine Tochter mit meinen Mädchen in denselben Kindergarten gegangen, und so konnte ich die beiden mitnehmen und dort spielen lassen und musste nicht noch in aller Eile einen Babysitter organisieren. Von Holger bekam ich die ersten Informationen über Brustkrebs. Er zeigte mir ein großes Buch mit Bildern von Brüsten, Drüsen, Tumoren, erklärte mir den Befund und gab mir noch ein paar Informationsbroschüren mit. Mich gruselte es.

Am Vormittag war ich noch einmal bei der Gynäkologin gewesen. Sie hatte auf meine Bitte hin den Röntgenologen angerufen und sein ausführlicher Befund lag vor ihr. Ich wollte Klartext, und gleichzeitig hatte ich Angst. Ich machte mir immer wieder bewusst, dass alles, was ich erfahren würde, nur die Vermutungen der Ärzte seien, es musste deshalb noch lange nicht stimmen. So hörte ich diesmal die Ärztin sagen, dass der Befund mit allergrößter Wahrscheinlichkeit ein bösartiger Tumor sei, also Krebs. Sie meinte allerdings, ich hätte gute Chancen, da sie bei mir noch keine verdickten Lymphknoten tasten konnte. Es klang irgendwie absurd: „Ich hätte gute Chancen!" Ein Teil von mir blieb völlig distanziert. Ich kam mir vor wie in einem Spiel: Wir spielen „Du hast Brustkrebs, und wie verhältst du dich dann!"

So sagte ich ihr, dass ich gerne den von meinem Homöopathen empfohlenen Chirurgen konsultieren wollte. Sie war erstaunt über meine Wahl und empfahl mir einen anderen Kollegen. Auf meine Bitte hin gab sie mir dann zwei Überweisungen. Zum Abschied schüttelte sie mir noch die Hand und sagte so etwas wie: „Sie werden jetzt eine schwere Zeit vor sich haben, ich wünsche ihnen viel Kraft." Ich dachte dabei: „Du dumme Kuh, was soll denn das heißen, eine schwere Zeit?"

Draußen stellte die Sprechstundenhilfe mir die zwei Überweisungen für die Chirurgen aus. Sie machte dabei ein so grässlich mitleidiges Gesicht, dass ich die Praxis fluchtartig verließ. Dieses Mitleid drückte den ganzen Horror aus, den die Frau selber vor Brustkrebs hatte. Ich wollte auf keinen Fall den Horror von anderen Leuten spüren. Ich musste meinen eigenen Weg finden, damit umzugehen.

Ich las die Überweisung: Dringender Verdacht auf M. Ca. Damals wusste ich noch nicht genau, dass das für Mamma Carzinom stand. Für mich war das eine dezent verschlüsselte Nachricht und jetzt traf mich die Realität das erste Mal wie ein Schlag: „Dringender Verdacht auf Krebs." Das schien irgendwie unglaublich.

Ich erinnerte mich an den Brief meiner Mutter vor fünf Jahren. Sie war bei einem Arzt gewesen, der ihr gesagt hatte, dass sie höchstwahrscheinlich Lymphknotenkrebs habe. Sie schrieb mir, sie hätte sich erst einmal in ihr Auto gesetzt, ein Stück Schokolade gegessen und eine Zigarette geraucht. Später hatte sie dann entschieden, der Sache nicht weiter auf den Grund zu gehen, da man ja an irgendetwas sowieso sterben muss. Sie ging nie wieder zu diesem Arzt und starb zwei Jahre danach sehr friedlich an den Folgen eines Gehirnschlags. Ich hatte die Haltung meiner Mutter bewundert, und ihr Tod war für mich ein sehr friedliches Erlebnis gewesen. Vielleicht bewahrte ich auch deshalb eine relative Ruhe, und es erklärte sicher auch einen Teil meiner großen Skepsis der Schulmedizin gegenüber. Aber ich war nicht, wie sie damals, 73 Jahre alt.

Ich rief bei einem der mir empfohlenen Chirurgen an und war überrascht, wie schnell ich immer einen Termin bekam, wenn ich meine Situation schilderte. Am Vormittag unterrichtete ich eigentlich, aber ich hatte kurz entschlossen alle meine Stunden abgesagt. Eine Bekannte holte die Kinder mittags für mich aus Schule und Kindergarten ab. Ich hatte nicht das Gefühl, dass es sinnvoll wäre, ihnen viel zu erklären, sie waren sechs und sieben Jahre alt, ich dachte: groß genug für Fakten, aber noch zu klein für „Vermutungen". Ich versuchte einfach trotz des ganzen Stresses so gut wie möglich für sie da zu sein. Alles was ich tat, geschah unter Hochspannung, und gleichzeitig hatte ich dieses absurde Gefühl, den Alltag ganz normal weiter zu führen. Ich kam mir vor, als spielte ich eine Rolle in einem Theaterstück.

Mein Ex-Mann hatte noch einmal mit mir gesprochen und mich gebeten, doch auf diesen Chirurgen zu hören und nicht auf Biegen und Brechen in meinen Urlaub fahren zu wollen. Ich war inzwischen so weit, dass ich diesen Besuch beim Chirurgen ernst nahm und offen war für das, was er mir sagen würde. Den Notizblock mit meinen Fragen gezückt, stand ich gerade erst in der Tür, als der Chirurg mir sagte: „Wissen Sie was, kommen sie doch in zwei Wochen wieder, dann sehe ich mir das in Ruhe an. Ich habe jetzt noch so viel zu tun und fahre morgen in den Urlaub." Ich musste innerlich lachen, er hatte mir gerade die Antwort darauf gegeben, ob ich selber in den Urlaub fahren würde. Ich ließ mich aber trotzdem nicht so schnell abspeisen. Holger hatte mir die verschiedenen Vorgehensweisen erklärt: entweder könnte ich eine Biopsie vornehmen lassen, wobei eine Gewebeprobe einige Tage vor der Operation aus dem Tumor entnommen und in einem Labor untersucht wird, oder die Chirurgen würden mit dem Schnellschnittverfahren arbeiten, bei dem sie den Tumor während der Operation untersuchen ließen und erst dann weiter operierten. Das heißt allerdings, dass die Operation für die Zeit der Laboruntersuchung unterbrochen wird und die Patientin sozusagen in Narkose „wartet". Werden Krebszellen gefunden, entfernen sie auch eine gewisse Anzahl von Lymphknoten unter der Achsel. Ob sich auch in den Lymphknoten Krebs entwickelt hat, kann leider erst im Nachhinein bestimmt werden. So werden also eventuell gesunde Lymphknoten entfernt. Ich hatte mir Fragen aufgeschrieben, weil ich schon vor den Ferien so viele Informationen wie möglich haben wollte.

Ich kann sehr charmant sein, sogar der gestresste Chirurg ließ mich gewähren und hörte meinen Fragen zu. Er schaute allerdings nicht meine Brust an, sondern nur den Befund des Röntgenologen, den ich schon mit Holger durchgegangen war. Ich hatte mir die Tumorgröße und alle wichtigen Details in dem Befund gemerkt, um „mitreden" zu können. Er sagte mir, dass er bei meinem Befund auf jeden Fall brusterhaltend operieren würde. Ich war beruhigt. Nur eine kleine Stimme in mir sagte, dass irgend etwas nicht ganz stimmte.

Nach diesem Besuch rief ich noch den Chirurgen an, den mir die Gynäkologin empfohlen hatte. Dieser Chirurg fuhr jedoch noch am gleichen Tag für drei Wochen in Urlaub, und so fühlte ich mich in meinem Vorhaben, selber Ferien zu machen, doppelt bestätigt. Ich eilte nach Hause, holte meine Kinder ab und machte mich daran, die Koffer zu packen. Am nächsten Morgen würden die beiden mit dem Papa verreisen. Ich räumte die Wohnung auf und bereitete alles für die Abreise vor. Seit dem ersten Besuch bei der Gynäkologin waren gerade achtundvierzig Stunden vergangen. Es schien mir wie eine Ewigkeit.

DIE INNERE VORBEREITUNG

Ich reiste am nächsten Tag. In meinem Gepäck lagen ein paar Broschüren über Brustkrebs und ein englisches Buch zu diesem Thema. Mein Herz war noch voller Hoffnung, dass vielleicht doch alles nur ein großer Irrtum war und dass sich dieser Knoten mit Hilfe der Homöopathie in den nächsten zwei Wochen zurückbilden würde. Auch die beruhigenden Worte einer Heilerin klangen mir noch in den Ohren. Sie hatte mir vor meiner Abreise während zweier telefonischer Konsultationen – auch das hatte ich noch in die achtundvierzig Stunden hineingepackt – versichert, dass ich mir vorerst keine Sorgen zu machen brauchte und auf jeden Fall in den Urlaub fahren sollte.

In Frankfurt auf dem Flughafen traf ich Pieter. Hier begann unsere gemeinsame Reise, wir flogen zusammen nach Kreta. Wir sahen beide zerknittert aus und konnten noch gar nicht viel sagen. Ich war unendlich müde. Dies war meine erste richtige Erholung seit fast einem Jahr. Die Kinder waren gut versorgt, und ich wäre auch ohne die vorangegangenen Ereignisse an einem Punkt der völligen Erschöpfung gewesen. Seit fünf Jahren war ich allein erziehende Mutter. Daneben hatte ich einen Beruf, den ich liebte. Ich war freischaffend und fuhr jeden Morgen, sobald ich die Kinder im Kindergarten und der Schule abgeliefert hatte, zu meinem Arbeitsraum und unterrichtete die Alexander-Technik[1]. Gleichzeitig hatte ich aber auch den Wunsch, jeden Mittag um 12.30 Uhr meine Kinder abzuholen, für sie zu kochen und für sie da zu sein.

Auf Kreta genoss ich es, für niemanden etwas tun zu müssen, bekocht zu werden und keine Verantwortungen zu tragen. Am Vormittag gab es einen Entspannungskurs am Strand. Ich kam mir sehr einsam vor in dieser Gruppe. Bei allem was ich tat, hatte ich immer nur einen Gedanken, der mich mit ständiger Präsenz begleitete: Habe ich einen bösartigen Tumor in meiner Brust? Die Kursleiterin, Marlena, zeigte uns die fünf Tibeter, körperliche Übungen, die ein bisschen an Yoga erinnerten. Als wir zum Aufwärmen hüpfen sollten, merkte ich, dass das nicht ging. In mir war kein „Hüpfen", in mir war „Heulen", und so verschwand ich hinter einer Mauer und weinte mich aus. Weinen war eine Erleichterung. Als das ein paar Male passierte, entschied ich, Marlena über meine Situation kurz zu informieren. Dabei bat ich sie auch um irgendwelche Übungen, die vielleicht für die Brust gut wären. Weiter redeten wir nicht darüber, und ich wollte auch niemandem in der Gruppe etwas sagen. Zum Glück hatte ich Pieter, an den ich mich, im wahrsten Sinne des Wortes, anlehnen konnte, wenn mir innerlich alles zu viel wurde. Ich konnte ihm von den Dingen berichten, die ich gerade in meinen Büchern über Krebs gelesen hatte, und wir versuchten den Strand und die Sonne zu genießen und es uns gut gehen zu lassen.

Nachts war es schwieriger, ich wachte oft auf und fühlte den Knoten in meiner Brust. Mein ganzes Bewusstsein schien sich dann in dieser Brust zu konzentrieren. Ich merkte, dass ich im Schlaf mit den Zähnen knirschte. Meine Gedanken wollten immer nur um das eine Thema kreisen. Habe ich einen bösartigen Tumor? Aber ich vermied es ganz bewusst, meiner Phantasie freien Lauf zu lassen. Seit vielen Jahren meditierte ich, und ich hatte ein Mantra. Dieses Mantra, ein einzelnes Wort, wiederholte ich mit jedem Atemzug. Es machte mir meinen Atem bewusst und beruhigte die Gedanken und Phantasien, die mir im Kopf herumkreisten. In dieser Zeit auf Kreta sagte ich fast immer mein Mantra. Wenn ich dies tat, konnte eine wunderbare Stille in mir entstehen. Manchmal war es so, als ob sich dann die Stille des ganzen Alls in mir ausbreitete. Diese Momente standen im krassen Gegensatz zu den wilden Phantasien, den Fragen und den Vorstellungen, die hinter jeder gedanklichen Ecke wieder auftauchten. Mit großer Geduld lenkte ich mein Bewusstsein immer wieder in eine andere Richtung. Ohne mein Mantra wäre ich wahrscheinlich in einen Strudel von Panik geraten und hätte die Ferien nicht dazu nutzen können, mich zu erholen.

In der ersten Woche schlief ich sehr viel. Ich näherte mich langsam dem Thema Krebs an und sammelte Kraft für die Zeit danach, auch wenn ich noch keine Ahnung hatte, was mich erwarten würde. Manchmal, tagsüber, strich ich ganz vorsichtig über die Brust, um zu fühlen, ob der Knoten kleiner geworden sei. Wenn es mir so vorkam, war ich für einen Moment erleichtert. Dann merkte ich wieder, dass er genauso dick war wie immer. Mit jedem weiteren Tag, der verging, wurde meine Panik größer. Hauptsächlich nachts überfiel sie mich, wenn ich plötzlich aufwachte und nur noch meine Brust spürte. Dann hatte ich die Vorstellung, dass sich von dem Tumor aus Krebszellen durch das Blut in meinen ganzen Körper verteilten. In mir schien etwas Schreckliches zu geschehen, auf das ich überhaupt keinen Einfluss nehmen konnte. Es war der pure Horror. Ich sagte wieder mein Mantra.

Ich begann darüber nachzudenken, was es bedeutet, Krebs zu haben. Eine Krankheit, die sofort die Assoziation „Sterben" hervorruft, auch wenn viele Leute sagen, dass man bei Brustkrebs noch die allerbesten Überlebenschancen hat. Ich beobachtete ein seltsames Phänomen. Eigentlich hatte ich keine Angst vor dem Sterben. Ich hatte mich schon seit so vielen Jahren mit dem Tod beschäftigt. Ich hatte mich mit so genannten „spirituellen" Dingen befasst, mit fernöstlicher Philosophie. Die Idee von Karma und Reinkarnation war mir seit langem vertraut, und schon seit meinem siebzehnten Lebensjahr meditiere ich. Damals ließ ich mich in die Transzendentale Meditation einführen, die zu dem Zeitpunkt durch die Beatles bekannt geworden war. Mit zwanzig Jahren war ich nach England gezogen und begegnete dort dem Spiritismus. Ich traf Leute, die mit einer solchen Selbstverständlichkeit mit ihren verstorbenen Verwandten und Bekannten redeten, dass ich mich wunderte, diesem Phänomen noch nie vorher in Deutschland begegnet zu sein. Später lernte ich über eine Geistige Loge in der Schweiz ein christliches System kennen, das das Jenseits und die ganze Welt der Naturgeister mit einschloss. Es war eine sehr liebliche Lehre, die mir in einer etwas abgewandelten und strengeren Form später bei den Anthroposophen wieder begegnete. Auch der Buddhismus wurde mir vertraut, und über die letzten zehn Jahre war ich den wunderschönen Weg der Liebe bei den Mystikern im Sufismus gegangen.

Der Tod gehörte für mich also zum Leben dazu. Aber warum geriet ich in eine solche Panik, wenn ich mit seiner Möglichkeit konfrontiert wurde? In den ruhigen Momenten der Meditation, wenn ich jeden Gedanken, der in mir aufstieg, in mein Herz nahm, bis er sich in dem Gefühl der Liebe auflöste, spürte ich ganz deutlich, dass es in mir verschiedene Ebenen gab. Das Herz, den Geist, die Seele und auch den Körper. Und es waren der Körper und meine Gefühle, von denen aus sich die Panik in mir ausbreitete. Manchmal schien ich meine Zellen zu spüren, wenn sie vor Angst schrien. Ich erinnerte mich an die Worte meiner Sufi-Lehrerin, Irina Tweedie[2]: Sie sagte, unser Körper hätte eine Chemie, die überleben will. Dieser Überlebenswille der Zellen war gut und notwendig, er war unglaublich stark, aber er war nicht unbedingt identisch mit dem, was die Seele wollte. Es war eine erstaunliche Erkenntnis. Ich bemerkte, dass etwas in mir loslassen wollte, sterben wollte. Seltsamerweise beruhigte mich das.

Ich machte mir Gedanken über eine Operation. „Brusterhaltend" klang noch immer in meinen Ohren. Ich konnte mir nicht genau vorstellen, was das bedeuten sollte. Es würde wohl irgendwie eine Delle in meiner Brust geben und eine Narbe. Die Vorstellung konnte ich schwer ertragen. Ich wollte keine verunstaltete Brust. Ich liebte meinen kleinen Körper sehr. Ich war in den letzten Jahren sehr schlank geworden. Ich fühlte mich mit meinen knapp fünfzig Kilo so wohl, so leicht, so ätherisch wie noch nie zuvor. Seit ein paar Jahren nahm ich Ballettunterricht. Ich hatte immer davon geträumt, und erst kurz vor meinem vierzigsten Geburtstag hatte ich mir endlich diesen Wunsch erfüllt. Gleichzeitig entdeckte ich meine Leidenschaft für den Tango Argentino. Ich tanzte viel und wagte das erste Mal in meinem Leben, hautenge Kleider zu tragen. Ich konnte meinen Körper genießen. Nachdem ich mich ein Leben lang unter zu großer, lockerer Kleidung versteckt hatte, empfand ich nun plötzlich die reinste Freude dabei, gesehen zu werden. Sollte sich das jetzt alles wieder ändern?

Mir fiel auf, dass sich gleichzeitig mit diesem neuen Körpergefühl eine Art Midlife-Crisis eingestellt hatte. Mit vierzig fühlte ich einen Wendepunkt. Hauptsächlich körperlich merkte ich einen Unterschied, so als ob sich nicht mehr alles so schnell regenerierte wie früher. Meine Haut wurde transparenter, an meinem Bein leuchtete nun schon seit ein paar Jahren eine blaue Krampfader, die anscheinend nicht vorhatte, jemals wieder zu verschwinden, und meine Haare umrahmten inzwischen mein Gesicht mit einem silberweißen Schimmer. Meine Vergänglichkeit wurde mir sehr oft bewusst und ich begann mich von Dingen, die ich bis dahin als selbstverständlich hingenommen hatte, zu verabschieden.

Ich sagte zu Pieter, dass ich gerne ein Foto von meinen schönen vollkommenen Brüsten hätte. Eine Erinnerung für später. Sozusagen das „Davor und Danach", aber irgendwie ergab sich das nicht. Der Fotoapparat war nie am Strand, wenn wir da waren.

Ich verbrachte die Zeit mit Ausruhen, Genießen, Kraftschöpfen und Lesen. Im „Blauen Ratgeber" der deutschen Krebshilfe stand zum Thema Chemotherapie die aufmunternde Bemerkung, dass man sich bunte Kopftücher besorgen sollte, um den Haarausfall besser überbrücken zu können. Ich lernte, dass Onkologie der Fachausdruck für Krebsheilkunde ist. Ein Karzinom ist ein Krebstumor. Das schöne Wort Mamma heißt Brust. Es war ein bisschen wie Vokabeln lernen in der Schule.

Auch mein englisches Buch nahm ich zur Hand. Es hieß „Ein sanfter Weg mit Krebs"[3]. Ich hatte es mir gekauft, als ich in London lebte. Damals, Anfang der achtziger Jahre, ging ein Zentrum, das in Bristol eröffnet worden war, durch die Presse. Es hatte mich fasziniert, weil es alternative Methoden zum Umgang mit Krebs anbot. Ich hatte das Buch nie gelesen, aber es war mir bei meinen vielen Umzügen immer treu gefolgt. Dies war das erste Buch, aus dem ich nicht Vokabeln lernte, sondern das mir konstruktiv einen Weg wies. Ich konnte selber etwas tun, um vielleicht meinen Zustand zu verbessern. In diesem Buch geht es um eine ganzheitliche Sichtweise des Menschen. Krebs ist hier nicht so sehr eine Krankheit, sondern ein Zustand, der etwas bedeutet. Dabei hatten diese Ärzte herausgefunden, dass die Ernährung eine große Rolle spielt und dass auch der Seelenzustand einer Person von äußerster Wichtigkeit ist.

Das Zentrum in Bristol arbeitet außerdem noch mit Heilerinnen und Heilern zusammen, und es bietet Meditation, Mal- und Gesangstherapie sowie psychologische Beratung an. Und noch etwas beeindruckte mich tief: Diese Ärztinnen und Ärzte sprachen offen über die Möglichkeit zu sterben und sich damit positiv auseinander zu setzen. Für sie hatte jeder Mensch genauso das Recht zu sterben wie zu leben. Sterben war nicht etwas, das man unbedingt vermeiden musste oder über das man auf keinen Fall reden durfte und das allen Angst einflößte.

Dieser Ansatz machte für mich wesentlich mehr Sinn. Langsam formte sich in mir ein inneres Bild, dass ich, sollte ich wirklich Krebs haben, mit dieser Situation auch auf eine sehr konstruktive Weise umgehen konnte. Was ich in Freiburg durch die Empfehlung „sofort operieren" vermittelt bekommen hatte, war für mich nur destruktiv gewesen.

Etwas anderes beschäftigte mich bei dem „Bristol"-Buch noch sehr. Es wurde immer wieder deutlich gesagt, dass alle genannten Therapien begleitender Art seien, die Ärzte schlossen schulmedizinische Behandlungen nicht aus. Ich hatte für mich bis dahin die alternativen Heilmethoden immer als ausschließliche Möglichkeiten gesehen. Es hatte etwas mit meinem inneren Stolz zu tun, der mir sagte: Das schaffe ich auch ohne die Schulmedizin. Ich bekam langsam ein neues Bild davon, was meine Möglichkeiten sein würden.

Ich begann sofort meine Ernährung umzustellen. Große Veränderungen waren es nicht, da ich schon seit zwanzig Jahren vegetarisch aß. Ich ließ ab sofort Schwarztee und Zucker weg, Kaffee trank ich sowieso fast nie, und ich versuchte Salz und Milchprodukte zu vermeiden. Das war nicht weiter schwierig. Mit genug Schlaf vermisste ich Tee und Zucker wenig. Das alles hatte ich hauptsächlich konsumiert, weil ich oft nicht mehr genug Energie hatte, um auf den Beinen zu stehen.

Im Buch wurde außerdem noch von Einläufen gesprochen, die den Körper reinigen sollten. Es dauerte noch ungefähr eine Woche, bis ich mich überwand und zur griechischen Apotheke ging, um mir ein Einlaufgerät zu kaufen. Es war nicht nur meine Scheu, den Apotheker zu fragen, ich hatte auch noch eine sehr unangenehme Kindheitserinnerung an einen Einlauf, den ich als äußerst entwürdigend und widerlich empfunden hatte. Aber ich sagte mir, dass ich jetzt einfach kein Kind mehr war und gab mir innerlich einen Schubs. Als ich dann den ersten Einlauf alleine, in der ruhigen Atmosphäre meines kleinen Hotelzimmers gemeistert hatte, war ich völlig überrascht. Es war ganz anders gekommen, als ich erwartet hatte. Es war ein Genuss gewesen! Und ich machte die wunderbare Erfahrung, dass es gut war, mich nicht von einem negativen Erlebnis aus meiner Kindheit tyrannisieren zu lassen.

Das Buch schrieb einen halben Liter Kaffee vor. Der Kaffee entgiftet die Leber und hat außerdem einen leicht schmerzlindernden und beruhigenden Effekt. Man sollte ihn, wenn möglich, für zwanzig Minuten wirken lassen[4]. Ich folgte genau den Anweisungen und war überrascht, dass es nicht so schwierig war, wie ich dachte. Außerdem empfand ich das Hineinlaufen der warmen Flüssigkeit als etwas sehr Angenehmes. Danach hatte ich ein phantastisches Gefühl der inneren Reinigung. Eine halbe Stunde später klopfte Pieter an meine Türe, um sich nach meinem Erfolg zu erkundigen. Ich genoss gerade das wohlige Gefühl der Entspannung danach und bat ihn gleich zu mir auf den Steinfußboden.

Pieter und ich hatten eine schöne körperliche Beziehung, obwohl wir nicht miteinander schliefen. Zu der Zeit, als Pieter und ich uns kennen lernten, war ich immer noch dabei, eine alte Beziehung zu verarbeiten. Diese Beziehung war die einzige, die ich nach meiner gescheiterten Ehe eingegangen war, und es schien mir die intensivste Beziehung meines Lebens gewesen zu sein. In ihr hatte ich eine unglaubliche Erfüllung erlebt. Dieser Mann war mir wie ein Gott vorgekommen. Ein Gott aus den griechischen Mythen, der sich in eine Sterbliche verliebt hatte. In unserer Beziehung wurde ich dadurch zu einer bezaubernd schönen Frau und selber zur Göttin. Noch nie hatte ich so geliebt und noch nie war ich so geliebt worden. Er gab mir das Gefühl, die schönste Frau auf Erden zu sein. Aber vor einem halben Jahr hatte er mich verlassen und es packte mich manchmal noch eine fürchterliche Sehnsucht nach ihm.

Pieter tat mir gut, er war so vollkommen anders. Wir kannten uns noch nicht lange, wir wohnten achthundert Kilometer voneinander entfernt und er führte in Berlin ein Leben, von dem ich nicht viel wusste. Unsere Beziehung bestand aus vielen Telefonaten und kurzen Besuchen. Nun ließ ich ihn mit in das wohlige Gefühl eintauchen, das sich durch den warmen

Kaffee-Einlauf in mir breitgemacht hatte. Wir lagen auf dem kalten Fußboden meines Hotelzimmers, eingeklemmt zwischen meinem Bett und dem Schrank, und lachten.

Viel zu schnell näherte sich unsere Zeit zusammen ihrem Ende. Mit dem heranrückenden Abreisetag merkte ich, wie die Angst in mir zu wachsen begann. Marlena, die Gruppenleiterin, sprach mich noch einmal auf meine Situation an mit der Frage, ob ich mich denn nach meiner Rückkehr gleich operieren lassen würde. Ich hatte noch keine klare Antwort. Auch Pieter war der Überzeugung, dass ich dem Rat der Ärzte folgen sollte, aber er hatte mich in der Zeit nicht gedrängt, eine Entscheidung zu treffen. Ich wusste noch nicht, was ich machen würde, ich wusste nur, dass ich mich jetzt auf irgendeine Weise einer unbekannten Hölle näherte.

Vor der Abfahrt hatte ich mit einer Freundin in London telefoniert, und jetzt wurde mir klar, dass ich nach meiner Rückkehr so viele Informationen wie nur möglich sammeln musste und das so schnell wie möglich. Ich machte eine Liste von Leuten, die ich anrufen wollte. Zum Glück kamen meine Töchter erst zwei Tage später aus ihrem Urlaub zurück, und ich hatte noch ein bisschen Zeit.

Der Abschied von Pieter fiel mir schwer. Wir flogen mit verschiedenen Maschinen zu verschiedenen Zeiten. Ich saß allein im Flugzeugbus und heulte. Das erste Mal brach die Hölle über mich herein. Ich fühlte absolute Panik. Ich hatte das Gefühl, dass ich unbedingt sofort etwas tun müsste, aber ich wusste nicht was.

Im Flugzeug las eine Mitreisende zur Belustigung der anderen die Horoskope aus einer Zeitschrift vor. Als sie auch mich nach meinem Sternzeichen gefragt hatte, sagte sie mir Folgendes: „Stier – wenn Sie Probleme mit Ihrer Gesundheit haben, konsultieren Sie sofort einen Arzt und tun Sie, was dieser Ihnen rät."

MEINE MÖGLICHKEITEN

Meine Koffer waren ausgepackt. Bei meiner Post lag der Brief einer Bekannten. Ich hatte ihr aus Griechenland geschrieben und meine Situation geschildert. Sie war Therapeutin und ihr Mann ein Arzt, bei dem ich schon Akupunktur-Behandlungen bekommen hatte. Ich schätzte sie als offen für alternative und ganzheitliche Medizin ein. Sie war außerdem eine spirituelle Frau, auf dem gleichen Sufi-Weg wie ich. Ihre Reaktion war mir wichtig.

Drei Seiten lang schrieb sie mir. Sie schrieb, dass ich auf keinen Fall versuchen sollte, diese Situation mit alternativen Methoden zu meistern. Ich sollte auf jeden Fall tun, was die Ärzte rieten, und ich sollte alles Alternative daneben, begleitend und danach tun. Ich war völlig überrascht, denn das hatte ich nicht erwartet.

Ich begann zu telefonieren. Ich hatte dabei keinen Plan und keine Vorstellung, ich wollte nur alle Leute, die ich kannte, fragen, ob sie irgendwelche Tips für mich hätten oder irgendjemanden kannten, der oder die mir weiterhelfen könnten. Es war erstaunlich, ich bekam viele Informationen. Ich legte immer einen Block neben das Telefon und schrieb mit. Gleichzeitig wurde der Wunsch, etwas zu tun, immer stärker.

Mara, eine Kollegin von mir, erzählte mir von Linda, einer „tollen" Frau aus ihrer Frauengruppe, die gerade eine Brustkrebsoperation hinter sich hatte. Ich hatte Angst, mit einer betroffenen Frau zu reden. Ich hatte Angst vor Horror- oder Jammergeschichten. Aber Mara erzählte so begeistert von dieser Frau, dass ich mir ihre Telefonnummer notierte. Am Nachmittag erreichte ich Linda. Sie war wirklich erstaunlich. Sie erzählte mir ihre Geschichte mit einer Begeisterung und Offenheit, die mich völlig meinen Horror vergessen ließ. Sie beschrieb mir ihre kleinen Brüste und den fast nicht spürbaren Tumor, ihr erstes Treffen mit dem Chirurgen und wie er ihr erklärt hatte, dass er entweder nur den Tumor entfernen würde oder, je nachdem was er während der Operation vorfand, eventuell auch die ganze Brust. In dem Fall hatte er ihr vorgeschlagen, ein Transplantat aus Eigengewebe zu machen und damit ihre Brust wieder aufzubauen. Sie erzählte, wie sie nach der Operation aufgewacht war und gemerkt hatte, dass man ihre Brust nicht hatte erhalten können. Sie klang so fidel und glücklich am Telefon, wie sie mir ihre neue transplantierte Brust beschrieb, dass ihre Begeisterung auf mich überging. Sie gab mir den Namen der Klinik, die ihr sehr gut gefallen hatte, und die Telefonnummer ihres Gynäkologen, der ein Freund von ihr und auch ein Freund des Chirurgen war.

Als ich ihre Geschichte hörte, hatte ich das erste Mal den Impuls zu handeln. Ich wollte diesen Chirurgen sehen. Ich stand unter solch einem Druck, dass ich am Sonntagnachmittag den mir völlig unbekannten Gynäkologen anrief, ihm Grüße von Linda ausrichtete und ihm meine Lage schilderte. Er ließ mich noch am selben Abend in seine Praxis kommen und rief dann auf meine Bitte hin den Chirurgen an. Ich bekam am nächsten Mittag einen Termin.

Die Klinik lag eine Autobahnstunde von Freiburg entfernt in einem sehr hübschen kleinen Städtchen, direkt am Rhein. Der Chefarzt, Dr. G., war mir sympathisch. Er schaute sich in Ruhe die Röntgenaufnahme an. Auch er schien keinen Zweifel zu haben, dass es sich um einen bösartigen Tumor handelte. Dann bat er mich, meine Brust sehen zu dürfen. Zu meinem großen Erstaunen war er der erste Arzt, der den Tumor tastete, ohne mir dabei weh zu tun. Er musste nicht in meine Brust hineindrücken, um etwas zu fühlen, sondern ließ den Tumor seine Finger berühren. Das beeindruckte mich und gab mir Vertrauen. Als ich mich wieder hingesetzt hatte, sagte er mir mit völliger Ruhe, dass er bei meiner kleinen Brust und bei der Größe des Tumors nicht brusterhaltend operieren könne.

Ich war wie vom Blitz getroffen. Was danach kam, nahm ich aus weiter Ferne wahr, stets bemüht darum, nicht in Weinen auszubrechen oder irgendwie durchzudrehen. Versteinert und gefühllos hörte ich mir an, welche Möglichkeiten es gab:

Chemotherapie, Transplantation und Implantat. Bei Chemotherapie wehrte ich sofort ab. Ich wollte mehr über die Operation wissen, die er bei Linda gemacht hatte. Er fragte, ob ein Assistent dazukommen dürfe, wenn er seine Vorgehensweise erklärte. Ich hatte nichts dagegen. Ich stand vor ihm und er begutachtete meinen Körper. Wieder ein überraschender Moment, denn ich hatte das Gefühl, dass ich nicht als Frau mit Krankheit, sondern als Frau mit Schönheit gesehen wurde. Es ging dem Chirurgen in diesem Moment nur darum, wie er diese Schönheit am besten erhalten könnte. Sein Blick wägte ab, stellte sich Möglichkeiten vor, überlegte. Ich war beeindruckt. Gleichzeitig sagte eine Stimme in mir, dass ich doch bei der Behandlung von Krebs nicht auch noch an mein Aussehen denken könnte.

Dr. G. erklärte, wie er bei einer Transplantation vorgehen würde. Bei mir könnte man kein Gewebe vom Bauch nehmen, da ich dafür zu dünn war, so würde er ein Stück eines Rückenmuskels heraustrennen und diesen, nachdem er ihn aufgearbeitet hätte, in die Brust einsetzen. Der Tumor und das restliche Drüsengewebe würden entfernt werden, die Brustwarze auch, da sie zu nahe am Tumor läge.

Ich wollte meinen Ohren nicht trauen, Horror überwältigte mich, die Brustwarze müsste „entfernt" werden. Alles klang hier so selbstverständlich. Was für mich eine unvorstellbare Grausamkeit war, schien für die Ärzte völlig normal. Sie nahmen nicht wahr, was diese Worte für mich bedeuteten. Sie redeten von einer Routineoperation, und ich wurde mit meiner Verstümmelung konfrontiert.

Mir wurde weiter erklärt, dass sie später auf der operierten Seite einen Vorhof tätowieren würden und, da meine Brustwarzen sehr groß seien, könnten sie die Hälfte von der linken Brustwarze abtrennen und auf die andere Seite transplantieren. Bei Frauen mit kleineren Brustwarzen könnten sie, um eine ähnliche Hautqualität zu bekommen, ein Stück von der Schamlippe oder dem Ohrläppchen nehmen. Die nächste Möglichkeit wäre, anstatt eines Transplantates mit Eigengewebe ein

Implantat aus Silikon zu setzen. Leider seien meine Brüste aber so klein, dass mir auch das kleinste Implantat noch eine zu große rechte Brust geben würde. Er würde in dem Fall vorschlagen, bei beiden Brüsten das Drüsengewebe zu entfernen und beide Brüste zu implantieren.

Das waren meine Möglichkeiten. Die beiden Männer hatten mir durch ihre Sachlichkeit zu verstehen gegeben, dass sie meinen Körper als einen selbstständigen, von meiner Seele, meinem Geist und meiner Psyche getrennten Organismus behandelten. Ich saß auf meinem Stuhl und versuchte, noch etwas Zusammenhängendes zu denken. Hier war rational und ohne Emotionen verhandelt worden, es war kein Raum für meine Gefühle. Ich kämpfte gegen meine Tränen, um mich nicht zu „blamieren". Diese Ärzte hatten weder Zweifel daran, dass ich Krebs hatte noch dass es irgendeine andere Möglichkeit gab, mich zu behandeln. Die Ängste der ganzen letzten Wochen überwältigten mich, meine Hoffnungen, vielleicht doch keinen Krebs zu haben, waren dahingeschwunden. Ich wollte nur noch eines: diesen Tumor so schnell wie möglich entfernen lassen. Und anstatt laut schreiend aus der Praxis zu fliehen, hörte ich mich darum bitten, mir doch so bald wie möglich einen Termin für eine Operation zu geben.

Dr. G. schaute in seinen Terminkalender und sagte, dass er so schnell leider keinen Termin frei hätte, ich könnte frühestens in einer Woche wiederkommen. Dann würde er eine Biopsie machen, und erst mit diesem Befund würden wir die weitere Vorgehensweise besprechen. Danach fragte er mich noch, ob ich mir eine durch ein Transplantat wieder aufgebaute Brust einmal anschauen wollte, eine seiner Patientinnen sei gerade in der Sprechstunde und hätte sich bereit erklärt, mir ihre operierte Brust zu zeigen. Informationen waren mir wichtig, auch wenn ich im größten Stress war. So sah ich die wieder aufgebaute Brust einer Frau, die gerade zwei Wochen zuvor operiert worden war. Ich war erstaunt, wie gut die Brust aussah, sogar eine Brust ohne Brustwarze zu sehen, war nicht so schlimm, wie ich mir das vorgestellt hatte. Danach bekam ich die Überweisung in die Klinik für den darauf folgenden Montag.

Ich stieg in mein Auto. Ich war fassungslos. Es fühlte sich an wie ein Untergang, als ob alles seine Formen verlor und nichts mehr Sinn ergab. Es tobte in mir. Ich hatte eine Stunde Autofahrt vor mir. Ich weinte. Und weil ich alleine war und mich niemand hören konnte, ließ ich die Gefühle einfach aus mir heraussprudeln. Ich begann zu schreien vor Verzweiflung, ich schluchzte, Panik schüttelte mich, ich heulte auf. Am Ende war ich erschöpft und leer, aber die Fahrt hatte mir gut getan. Ich würde noch öfter auf diese Weise Zuflucht im Autofahren nehmen.

Dann kam der Alltag. Meine Situation schien mir fast irreal. Für meine Kinder versuchte ich, irgendwie normal zu funktionieren. Ich organisierte Nachmittagsgruppen für die beiden, damit sie versorgt waren, wenn ich in die Klinik ging. Es gab keine Großeltern mehr und auch sonst keine Verwandten in Freiburg, die hätten helfen können. Sie würden in der Zeit bei ihrem Vater wohnen.

Ich stand unter einem unglaublichen Zeitdruck, weil ich noch so viele Informationen wie möglich einholen wollte. Ich wollte genau wissen, was auf mich zukommen könnte oder würde. Gleichzeitig war es das Fürchterlichste, dass ich noch so viel Zeit hatte. Ich verstand einfach nicht, warum ich jetzt, da ich endlich bereit war, mich operieren zu lassen, noch eine ganze Woche warten sollte. Ich konnte meinen Tumor spüren, er schmerzte, und ich fühlte, wie Schmerzen jetzt bis unter meine Achsel zogen. Ich spürte meine ganze rechte Seite, und Horror überkam mich bei der Vorstellung, dass sich der Krebs ständig weiter ausbreiten könnte. Ich war manchmal wie gelähmt durch diese Vorstellung.

Diese Tage waren eine Hölle für mich und gleichzeitig erlebte ich Momente unglaublicher Leichtigkeit und den Himmel. Es war eine Intensität, die eine Woche so lang wie ein Jahr erscheinen ließ. Ich war auf meiner Informationsreise. Ich hatte mehr über die Chirurgen erfahren, die mir zur Verfügung standen. Dr. G. schien einer der besten zu sein. Bei dem dritten Chirurgen sagte ich meinen Termin wieder ab, da ich für denselben Tag die Einweisung in die Klinik hatte. Ich vereinbarte Termine mit Ärzten, Heilpraktikern und Therapeuten. Für die Operation brauchte ich noch eine Röntgenaufnahme meiner Lunge, ein Blutbild, EKG und eine Ultraschalluntersuchung von der Leber.

Die nächste Zeit setzte ich mich intensiv mit der Möglichkeit eines Transplantates auseinander. Ich hatte Lindas Begeisterung noch in den Ohren. Die Worte von Dr. G. gingen mir durch den Kopf. Er hatte davon gesprochen, dass er den Rückenmuskel, den Latissimus Dorsi, abtrennen musste und dann aufarbeiten würde, bis er ihn für die Brust verwenden konnte. Ich hatte bei dem Wort „aufarbeiten" immer das Bild, dass mein Muskelfleisch, zusammen mit etwas Haut, in dem kleinen schwarzen Puppenkochtopf meiner Kinder zerkleinert und vermischt wurde und dann, als homogene Masse, wieder in meine Brust hineingefüllt würde. Erst später, als ich einige Artikel über den Wiederaufbau mit dem Latissimus Dorsi gelesen hatte, verstand ich, dass „aufarbeiten" das Bewegen des Muskels unter der Haut vom Rücken nach vorne und oben zur Brust hin bedeutet. Der Muskel wird dafür erst durch einen langen Schnitt am Rücken freigelegt und bleibt dabei an einer Stelle mit seiner ursprünglichen Blutzufuhr verbunden. Er wird sozusagen im Körper neu platziert und der neuen Körperform angepasst. Je mehr Informationen ich mir jedoch zum Transplantat einholte, umso unsicherer wurde ich, ob ich so etwas überhaupt wollte.

Für mich sprach besonders die circa 20 cm lange Narbe dagegen, die dadurch an meinem Rücken entstehen würde. Eine Narbe bildet immer ein Störfeld im Körper. Ich hatte auch Sorge, dass meine Bewegungsfreiheit eingeschränkt sein könnte. Außerdem bedeutete es eine sehr lange Operation, bei Linda hatte sie ungefähr acht Stunden gedauert. Am Ende würde ich nicht nur eine, sondern zwei große Wunden und zwei große Narben haben. Da ich selber beruflich mit dem Körper arbeite und außerdem sehr viel tanze, fiel mir diese Vorstellung schwer. Ich ließ mir die Möglichkeit eines Transplantates noch offen.

Als Nächstes ging ich zu einem Heiler, den meine Freundin Hanna mir empfohlen hatte. Er schien ein weiser Mensch zu sein. Da ich ihn nicht kannte, konnte ich ihm sagen, dass ich bei dem Gedanken, Krebs zu haben, eigentlich eine große Erleichterung empfand. Der Krebs war für mich wie ein Freibrief, alle Verantwortung abzugeben und einfach zu sterben, wie eine Erlösung. Ich hatte diesen Wunsch zu sterben mit Erstaunen in mir verfolgt. Er erfüllte mich nicht mit Angst, sondern eher mit einem schlechten Gewissen darüber, dass ich gehen wollte. Ich hatte das Gefühl, dieser Heiler verstand und respektierte mich. Er versuchte nicht, wie ich befürchtet hatte, mich „auf andere Gedanken zu bringen" oder mich an die „Verantwortung meinen Kindern gegenüber" zu erinnern oder mir „Mut zu machen".

Nach unserem Gespräch gingen wir in die Stille. Ich schloss meine Augen und versank in eine tiefe Meditation. Für eine Weile verließ er das Zimmer. Als er später leise wieder hereinkam, war ich in einem solchen Zustand des Friedens, dass ich das erste Mal wieder klar sehen konnte. Die Panik war von mir abgefallen. Ich war plötzlich nicht mehr in die Intensität der letzten drei Wochen verstrickt. Es war, als hätte ich einen Einblick in eine höhere Ebene gehabt und merkte dabei, dass alles, was geschehen war und geschehen würde, einen Sinn hatte. Ich war wie erlöst.

Ich nahm die letzten Wochen wie einen kurzen Moment wahr, wie den Bruchteil einer Sekunde in einer Zeitspanne von unendlich vielen Jahren. Es gab nichts Endgültiges in alldem, was passierte. Die letzten Wochen hatte ich mich intensiv mit Krebs beschäftigt und diese letzten Wochen waren ein winzig kleiner Abschnitt in einer Geschichte, die etwas mit der Ewigkeit zu tun hatte. Ich sah nicht nur mein eigenes Schicksal, sondern die unendlich vielen Schicksale von unendlich vielen anderen Menschen, die alle mit mir, neben mir, vor mir und nach mir lebten. Wir waren miteinander verbunden und lebten doch gleichzeitig jede und jeder in unseren eigenen winzig kleinen Welten. Ich war der Mittelpunkt meiner eigenen Wahrnehmung und gleichzeitig ein kleiner Teil einer unendlich großen Ordnung. Auf dieser Ebene gab es keine Sorgen. Was mit mir im Moment geschah, war richtig, so wie es war.

Am nächsten Tag hatte ich meine Kernspinaufnahme. Auch darüber hatte ich so viele Leute wie möglich befragt. Für mich gab es nichts Schlimmeres als Phantasien. Also wusste ich schon, dass ich für ungefähr eine halbe Stunde in einer Röhre liegen würde, es würde laut werden, und ich durfte mich nicht bewegen. Ich hatte Angst vor engen Räumen. Ich machte mir einen Plan. Ich würde so tun, als läge ich in einer dieser Sonnenbänke. Das war zwar unangenehm, aber nicht unerträglich.

In der Praxis ließ ich mir die Prozedur noch einmal genau erklären. Dass mir vorher noch ein Kontrastmittel gespritzt werden musste, wusste ich nicht. Ich muss mich an Sachen, die mit mir gemacht werden sollen, immer erst einige Zeit gewöhnen. Ich muss überzeugt sein und mein Einverständnis geben können. Dieses Kontrastmittel war so ein Beispiel, eine sehr schnelle Entscheidung wurde von mir gefordert. Ich machte mir in all diesen Situationen immer wieder bewusst, dass ich auch jederzeit die Möglichkeit hatte, alles abzusagen. Aber ich wollte die Kernspinaufnahme machen, weil ich immer noch die Hoffnung hatte, dass dieser Tumor vielleicht doch nicht so groß oder so bösartig war, wie man annahm. Ich wurde in die Röhre geschoben und bekam einen Knopf zum Drücken in die Hand, falls ich Panik bekäme. Zum Glück musste ich auf dem Bauch liegen. Ich machte sofort meine Augen zu, stellte mir das Sonnenbräunungsgerät vor und entspannte mich. Es war erstaunlich: Trotz der lauten Geräusche, für die mir Ohrenstöpsel gegeben wurden, hatte ich das Gefühl, ich läge in Kreta am Strand mit Pieter zusammen, und ich genoss jede Minute.

Danach wartete ich auf die Entwicklung der Aufnahmen, bis ein netter Arzt mich in sein Sprechzimmer rief. Ich bat ihn darum, mir ehrlich seine Meinung zu sagen. Ich benutzte absichtlich das Wort Krebs, weil ich gemerkt hatte, dass Ärzte erst dann auch wirklich offen mit mir sprachen. Überraschenderweise setzte er sich aber erst einmal hin und schaute mich an. Dann fragte er mich nach meinem Beruf, und wir kamen in ein Gespräch. Ich war völlig erstaunt über diesen Mann, ich glaube, er war auch ein bisschen erstaunt über mich. Es machte mir Spaß.

Dann schaute er die Bilder an: ein Karzinom, auch er hatte keinen Zweifel. Er fragte mich, seit wann ich den Knoten gefühlt hätte, und als ich ihm erwiderte, dass es schon einige Monate her sei, war er ganz entsetzt über meine Antwort. Plötzlich nahm er meine Hand und sagte: „Sie werden wieder gesund, ganz sicher, sie werden wieder gesund." In seinen Augen sah ich Angst und Sympathie, und im selben Moment fühlte ich in mir eine völlige Ruhe. Ich spürte nur die Angst des Arztes.

Dieser Mann war mir sympathisch und seine Art berührte mich. Er fragte mich, ob er noch einen Kollegen holen dürfte, der ein Experte im Interpretieren von Ultraschallaufnahmen war. Während wir warteten, fragte er mich, bei welchem Chirurgen ich sei und wie ich mich operieren lassen wollte. Er kannte Dr. G. und hatte eine hohe Meinung von ihm. Aber er riet mir von einem Transplantat ab und fragte, warum ich nicht an ein Implantat gedacht hätte? Er meinte, das wäre doch eine tolle Lösung. Wir sprachen darüber. Ich wollte mich sofort mehr informieren, fragen, lesen. Der freundliche Radiologe hatte mich inspiriert. Dann kam sein Kollege, aber auch er bestätigte die Diagnose.

Als ich ein paar Stunden später auf meinem Fahrrad am Fluss entlang in die Stadt fuhr, die kühle Luft auf meiner Haut spürte, lachte ich bei dem Gedanken, dass ich die Möglichkeit hatte, mir meine beiden Brüste implantieren zu lassen. Ich sah mich, das erste Mal in meinem Leben, mit ansehnlichen großen Brüsten – perfekt geformt. Wie eine Barbie Puppe würde ich aussehen! Andere Frauen ließen das aus so genannten

„Schönheitsgründen" machen. Das wäre der Witz des Jahrhunderts. Freunde würden mich fragen, wie es käme, dass ich plötzlich einen so schönen Busen hätte, und ich würde erklären, als Resultat einer Brustkrebserkrankung sähe ich nun aus wie ein Mannequin.

Am nächsten Tag ging ich noch einmal zu dem Heiler. Ich erzählte von der neuen Idee des Implantates, wir mussten beide über die Situation lachen. Nach unserer Meditation war ich an einem Punkt, wo ich über die ganzen letzten Wochen und die ganzen nächsten Wochen lachen konnte. Ich sah mein Leben in einem größeren Zusammenhang. Ich sah diese kurze Zeit der Intensität, der Verzweiflung und der Höllenqualen und die Länge von unendlich vielen Leben, und es war wirklich wie ein großer „Scherz des Kosmos". Es tat gut, wieder einmal diese Losgelöstheit zu spüren, gerade jetzt in einer Zeit der unglaublichen Verstrickung. Ich war dankbar für diese Begegnungen.

Dann beschäftigte ich mich intensiv mit dem Dafür und Dagegen eines Implantates. Dr. G. hatte mir eine solche mit Flüssigkeit gefüllte Scheibe gezeigt. Genial war sie schon. Ich fand mehr über Silikon heraus, ein umstrittenes Material, das in den USA inzwischen schon fast gänzlich abgelehnt wird. Wenn es durch eine undichte Stelle in den Körper gerät, kann es zu Vergiftungen führen. Es gibt auch Implantate aus Kochsalzlösungen, die verträglicher sind, aber von den Chirurgen nicht so gerne benutzt werden.

Es besteht außerdem die Gefahr, dass der Organismus diese Fremdkörper abstößt oder dass es zu einer Fibrose kommt, einem Zusammenziehen des umgebenden Gewebes. Das ist eine sehr schmerzhafte Geschichte und führt dazu, dass die Brust klein, hart und unförmig wird. In einem solchen Fall muss das Implantat wieder entfernt werden. Das Ganze war mir nicht geheuer. Außerdem schien mir die Idee, beide Brüste zu operieren, fast indiskutabel.

DIE ENTSCHEIDUNG

Der nächste Tag war ein Samstag, keine Arzttermine, und ich musste mich für irgendeine Operationsart entscheiden. In der Buchhandlung, beim Kauf weiterer Literatur über Krebs, begegnete ich meiner Kollegin Mara. Ich zeigte ihr lachend die wunderschöne hellgelbe Bluse, die ich mir gerade, der ganzen hektischen Situation zum Trotz, gekauft hatte. Mara ist auch Alexander-Lehrerin, und da wir beide beruflich auf dem Gebiet der präventiven Heilkunde arbeiten, wurde mir wieder bewusst, dass ein Teil von mir immer noch nicht fassen konnte, dass ich diese ganze Geschichte mit dem Krebs nicht einfach aus eigenen Kräften lösen wollte. Warum sah ich jetzt nur den schulmedizinischen Weg und keinen anderen?

Eine Stunde nach unserem zufälligen Treffen in der Stadt rief ich Mara an und bat sie um ein Gespräch. Ich hatte keine Ahnung, worüber wir uns unterhalten würden, aber ich wollte sie einfach sehen, in der Hoffnung, dass sich irgendetwas Neues ergeben würde. Als wir uns gegenüber saßen, erzählte ich ihr, dass ich vor zwanzig Jahren noch an ein Wunder geglaubt hätte. Damals hätte ich unglaubliche Reserven in mir gehabt und hätte versucht, alles selber zu lösen, aber jetzt war ich erschöpft und wusste nicht, ob es eine solche Möglichkeit überhaupt gab. Die Operation schien einfach unumgänglich. An diesem Punkt kamen wir nicht weiter, auch sie wusste für meine Situation keine konkreten Alternativen.

Als Nächstes berichtete ich ihr von meiner Unschlüssigkeit, zwischen dem Transplantat und dem Implantat zu wählen. Sie schlug mir vor, dass ich alle Möglichkeiten, die mir zur Verfügung standen, aufschreiben sollte. Neben Transplantat und Implantat gab es auch noch die Möglichkeiten, gar nicht zu operieren oder die einer Mastektomie, was hieße, die Brust ganz zu entfernen. Diese Version hatte ich bis jetzt völlig aus meinen Überlegungen ausgeschlossen. Es schien unvorstellbar, nur noch eine Brust zu haben.

Auf meine Liste kamen noch andere Kriterien wie Gesundheit, Sicherheit und Schönheit. Am Ende gab Mara mir eine Schere, und ich schnitt alle Vorschläge aus und legte die Papierstücke vor mich auf den Boden. Ich arrangierte sie nach den Aspekten, die mir am wichtigsten schienen. Gesundheit und Sicherheit rückten an die oberste Stelle. Die Möglichkeit, den Tumor nicht operieren zu lassen, kam für mich an letzter Stelle, ich hatte zu viel Angst und hatte noch nie von Alternativen gehört. Transplantat und Implantat reihten sich mehr unter den Aspekt der Schönheit als der Gesundheit und Sicherheit ein.

Jetzt musste ich das erste Mal eine Mastektomie ernsthaft in Erwägung ziehen. Eine Mastektomie bedeutete das Entfernen der Brust, ohne sie zu ersetzen. Es war für mich vom gesundheitlichen Standpunkt aus ohne Zweifel die am leichtesten verträgliche Lösung. Es war die einfachste, kürzeste und unkomplizierteste der Operationen und wahrscheinlich auch die sicherste.

Als ich Mara das erzählte, erinnerte ich mich wieder an eine Begegnung, die ich vor vielen Jahren einmal mit einer Professorin in Istanbul hatte. Diese Frau trug einen lockeren Pullover und hatte darunter ganz offensichtlich nur eine Brust. Ich war zutiefst von ihr beeindruckt gewesen, denn sie lebte ihre Eigenheit mit einer solchen Selbstverständlichkeit, dass jeglicher Horror, den man hätte haben können, dadurch schon wieder erlöst worden war. Bei dieser Erinnerung wusste ich auf einmal, dass ich mich mit einer solchen Haltung völlig identifizieren konnte. So könnte ich mit meiner Situation umgehen. Es war für mich ehrlich und aufrichtig. Außerdem waren die ganzen negativen Aspekte, die mich daran hinderten, ein Transplantat oder ein Implantat zu wählen, hier ausgeschlossen.

Plötzlich spürte ich eine unglaubliche Kraft und Überzeugung in mir. Ich hatte einen Weg gefunden! Es war der Weg, dem Horror in die Augen zu sehen. Damit wurde der Horror mein Freund und verlor seine Wirkung. Indem ich ihn akzeptieren konnte, würden auch die Menschen um mich herum lernen, ihn zu akzeptieren.

Ich war erstaunt über dieses Auf und Ab meiner Gefühle, ich konnte in einem Moment verzweifelt sein und im nächsten Moment wieder voller Zuversicht! Jetzt sah ich mich mit nur einer Brust und fand es das Natürlichste, Klarste und Einfachste der Welt. Ich war plötzlich in einem richtigen Freudentaumel. Ich hatte meine Lösung gefunden! Jetzt war ich unglaublich dankbar, dass ich nicht gleich einen Platz in der Klinik bekommen hatte, um mich in meiner Panik operieren zu lassen. Ich radelte nach Hause wie im Rausch. Zweimal musste ich noch schlafen bis zum Kliniktermin. Wenn dieses Gefühl anhielt, war es nicht nur eine fixe Idee des Augenblicks, sondern es war wirklich meine Lösung!

Dann rief meine Freundin Tschaja an. Ich erzählte ihr die neue Entwicklung in meiner Geschichte, und sie fragte mich, ob ich das Bild von Andree O'Conner kannte? Es war eine Amerikanerin, die sich auf ihre amputierte Seite eine Rose tätowieren ließ. Eine halbe Stunde später brachte Tschaja mir das Photo. Ich war begeistert. Dieses Bild inspirierte und begleitete mich während der nächsten Wochen.

Ich überlegte, was es nun noch zu tun gäbe. Ich musste keine Entscheidung mehr treffen. Ich hatte Zeit, und ich wusste, ich würde meine Brust verlieren. Ich wollte Abschied nehmen. Am liebsten hätte ich ein Fest für meine Brust gefeiert, um sie noch einmal in ihrer ganzen Schönheit zu ehren. Und ich wollte eine Erinnerung an sie haben. Gerne hätte ich wunderschöne Photos gemacht. Ich überlegte, wie ich das machen könnte. So etwas hatte ich mich bis jetzt noch nie getraut. Mir fiel Miguel ein, den ich vom Tango Argentino kannte; er war Photograph. Ich rief ihn an und schilderte ihm meine Situation. Er war zwar ein bisschen überrumpelt von dieser ganzen Geschichte, aber er ließ sich von meiner Begeisterung anstecken, und wir verabredeten uns für den nächsten Tag. Zum ersten Mal hatte ich das Gefühl, dass ich meine Geschichte dokumentieren wollte.

An dem Abend, es war Samstag, wollte ich tanzen gehen. Auf der einen Seite dachte ich, es wäre verrückt, mit einem schmerzenden Tumor herumzuhüpfen, auf der anderen Seite wollte ich meiner Freude Ausdruck verleihen und auch im Tanzen Abschied nehmen. Ich zog meine neue gelbe Bluse an und ging zum Tango. Das letzte Mal mit meinem perfekten kleinen Busen. Ich spürte, wie jede meiner Zellen tanzte. Ich war glücklich, ich konnte meinen Körper genießen.

Während eines Swings tanzte ich allein und ausgelassen um die ganze Tanzfläche herum und dann in die Mitte hinein. Ich tanzte meinen Brüsten zu Ehren einen wilden Abschiedstanz. Es war schön, ich fühlte mich frei, niemand wusste, was für einen Tanz ich tanzte, und doch tanzte ich ihn für alle. Für alle Frauen und Männer, für alle, die gerade glücklich oder gerade unglücklich waren, für alle.

Dann ging ich nach Hause. Der nächste Tag war ein wunderschöner Tag. Sonntag, Ruhe, keine Termine mehr, keine Entscheidungen mehr zu treffen, die Kinder waren bei ihrem Vater, und ich wartete auf Miguel, gespannt, was passieren würde.

DER ABSCHIED

Als Miguel kam, wusste ich noch gar nicht genau, was ich machen wollte. Ich erklärte ihm, dass ich ein Abschiedsfest für meine Brüste feiern wollte und er mein Gast bei dieser Feier war, er würde daran teilnehmen und sie mit seinem Photoapparat festhalten. Ich würde ihm mitteilen, wenn mir seine Kamera zu nahe kam. Vielleicht brauchte ich viel Zeit, vielleicht würde es eine stille Meditation werden, ich hatte keine Ahnung. Miguel war einverstanden.

Wir schauten uns meine Wohnung an, leider regnete es, so kam der Garten nicht in Frage. Wir entschieden uns, die Photos im Wohnzimmer aufzunehmen. Ich begann damit, die dicken schwarzen Lehnen meines Sofas abzuschrauben. Miguel machte seine ersten Aufnahmen von mir, wie ich mit dem Schraubenzieher in der Hand und dem Kopf unter dem Sofa lag.

Darauf zog ich mir meinen Anorak an. Ich ging in den Garten und pflückte die schönsten Blüten, die ich finden konnte. Apfel- und Kirschblüten, Tulpen, Flieder, eine Magnolie. Im Wohnzimmer baute ich damit einen kleinen Gabentisch oder Altar auf und fügte auch noch einige Kiesel und Muscheln aus Kreta und die wunderschöne Kette mit dem Herz hinzu, die meine Großmutter meiner Mutter und meine Mutter mir geschenkt hatte.

Jetzt brauchte ich eine Weile Stille. Was würde der nächste Schritt sein? Wie konnte ich meine Brust feiern? Ich wollte mich ausziehen. Das war nicht so leicht. Miguel war dabei. Ich hatte außerdem immer noch Scheu, in die Kamera zu sehen, ich kannte mein „doofes Photographiergesicht": So bat ich um Zeit, in die Kamera schauen zu dürfen, ohne dass Miguel auf den Auslöser drückte. Ich blickte so lange hinein, bis ich meine Scheu nicht mehr spürte, und wir begannen zu kommunizieren, Miguel, die Kamera und ich. Es machte richtig Spaß.

Auch die Trauer
braucht ihren Raum,
sie kommt
und ist ein einsamer Gast.

Sehr besinnlich und langsam begann ich meine Kleidungsstücke auszuziehen. Ich blieb ganz bei mir. Dann suchte ich die schönsten Blüten aus, um sie mir auf die Brust zu legen. Die Blüten schienen so perfekt, fein und zerbrechlich wie meine zarten kleinen Brüste selber. Ich spürte, wie sehr ich diese beiden Brüste liebte. Ich betrachtete mich. Meine rechte, die schönere und ein ganz klein bisschen größere der beiden, würde ich loslassen müssen. Die Blüten in ihrer zarten Vergänglichkeit erinnerten mich daran. Wir photographierten. Es war gut. Ich würde eine wunderschöne Erinnerung an meine Brüste haben und ich ehrte und feierte sie mit diesen Bildern. Auch die Kette mit dem Herz legte ich mir noch einmal um, sie schien noch einmal die Verbindung zu meiner Mutter und meiner Großmutter herzustellen.

Jetzt wollte ich mich auf den Boden legen, und ich bat Miguel, die Blumen über meinem ganzen Körper zu verteilen, einfach so, wie es ihm gefiel. Als er die zarten Blüten auf meine nackte Haut legte, bei jeder Blüte abwägte, wo sie am besten hinpasste, wurde er ein Beteiligter meiner Geschichte, und es begann eine neue Freundschaft zwischen uns. Als ich so dalag, mein Körper mit Blüten bedeckt, kam es mir vor wie ein Begräbnis. Ich erinnerte mich, wie meine Schwester und ich zwei Jahre zuvor im Herbst rot leuchtende Weinranken im Garten meiner Mutter geschnitten und damit ihren Sarg geschmückt hatten. Es war nichts Morbides in diesem Bild, es war ein stimmiges Bild. Die Beerdigung meiner Mutter war eine schöne, harmonische Feier gewesen. Dieser Moment war auch harmonisch, und es war ein Abschied. Nur einmal hatte ich geweint, ganz am Anfang, aus Scheu.

Nach der halben Stunde auf dem Fußboden war mir eisig kalt. Ich zog mich an und Miguel photographierte mich auf dem Sofa, mit meinen Füßen in einem heißen Wasserbad. Wir konnten wieder lachen. Es folgten noch ein paar Aufnahmen mit dem Selbstauslöser von uns beiden. Ein rundes Bild. Ich fühlte eine solche Harmonie und Ruhe in mir, es war wunderbar.

Nun hatte ich noch einen allerletzten Termin bei dem Heiler, ein krönender Abschluss dachte ich, und am nächsten Morgen würde ich in die Klinik gehen. In völligem Frieden fuhr ich los. Ich erzählte dem Heiler, wie es mir ging und wir meditierten. Es passierte nicht viel, was mich nicht verwunderte, denn ich war ja schon vorher in einer wunderbar ruhigen Stimmung gewesen.

Als ich jedoch danach im Auto saß und die lange Strecke durch den Schwarzwald wieder nach Hause fuhr, überfiel mich die unglaublichste Panik. Panik davor, in die Klinik zu fahren und mich operieren zu lassen. Ich war völlig perplex. Wo kam diese Panik jetzt her und was bedeutete sie? Ich zweifelte plötzlich an meiner Entscheidung. Wie konnte ich die Meinung von Dr. G. einfach so akzeptieren, wenn mir drei Wochen vorher ein anderer Chirurg gesagt hatte, er wolle brusterhaltend operieren? Natürlich hatte er nicht meine Brust gesehen. Aber hatte ich wirklich alle Möglichkeiten in Betracht gezogen?

Ich verbrachte den ganzen Abend am Telefon, ich fragte meine Freundinnen um Rat, ich sprach mit dem Homöopathen – ich war einfach furchtbar nervös. Zum Schluss entschied ich mich dafür, am folgenden Morgen noch vor meinem Klinik-Termin, eine dritte Meinung einzuholen. Ich würde auf gut Glück zu dem Chirurgen fahren, bei dem ich meinen Termin wieder abgesagt hatte.

Nach einer kurzen Nacht brach ich am nächsten Morgen um 6.00 Uhr auf und fuhr in das andere Krankenhaus. Ich stand in einer riesigen, düsteren Eingangshalle und erfuhr, dass nur am Nachmittag Sprechstunde war. Ich erklärte der Sekretärin meine Situation, und sie bot mir an, auf gut Glück zu warten. Der Chirurg war gerade in einer Besprechung, und sie würde ihn um zehn Uhr sehen. Ich setzte mich auf den Flur und las „Das Brustbuch", eine neue Lektüre, die mich seit einigen Tagen begleitete[5].

Dann fiel mir ein, dass der Befund vom Kernspin nur an die Klinik, in der ich mich operieren lassen wollte, geschickt worden war. Ich ging noch einmal in das Zimmer der Sekretärin und telefonierte mit der Praxis des Radiologen. Sie faxten uns den Befund sofort zu. So konnte ich ihn noch in Ruhe durchlesen. Ich hatte mir angewöhnt, die Befunde immer selber mitzunehmen und nicht von Arzt zu Arzt schicken zu lassen. Ich hatte mir auch zu Hause Kopien davon gemacht und zu meinen Unterlagen gelegt. Bis jetzt hatte jeder Arzt mir die Berichte ohne Umstände ausgehändigt.

Um halb zehn Uhr wurde ich hereingerufen und zwei Minuten später schüttelte der Chirurg mir die Hand. Ich dankte nicht nur den beiden, sondern auch meinen Engeln, die wirklich bei mir zu sein schienen. Ich zeigte ihm die Befunde. Er schaute sich auch noch meine Brust an und bestätigte mir, dass meine Entscheidung für eine Mastektomie die beste sei, wenn es mir darum ginge, körperlich so wenig wie möglich belastet zu werden und größtmögliche Beweglichkeit zu behalten.

Auf die Frage, ob man bei mir brusterhaltend operieren könnte, sagte er klar „nein": Dann erklärte er seine Vorgehensweise. Er würde den Tumor herausnehmen und ihn im Schnellschnittverfahren analysieren lassen. War der Befund positiv, würde er weiter operieren und auch noch zehn bis zwölf Lymphknoten entfernen. Wenn ich wollte, könnte er mich am nächsten Tag operieren.

Ich dankte ihm und verabschiedete mich. Ich wusste nicht, was ich tun sollte. Ich hatte keinen Bezug zu diesem neuen Chirurgen, und das riesige, unpersönliche Krankenhaus erfüllte mich mit Unbehagen. Der Chirurg in der anderen Klinik benutzte nicht das Schnellschnittverfahren, sondern würde zwei Tage vor der Operation eine Biopsie vornehmen. Aber ich hatte Angst, dass bei diesem Verfahren Krebszellen durch die Blutbahnen in andere Teile meines Körpers gelangen könnten, auch wenn das nicht nachweisbar war. Wenn allerdings vorher schon festgestellt wurde, ob der Tumor gut- oder bösartig war, dauerte die Operation nicht so lange, sie war dann weniger belastend und technisch die bessere.

Völlig unschlüssig setzte ich mich in mein Auto und fuhr los. Ich war erschöpft. Es regnete in Strömen, und ich begann zu weinen. Ich fühlte mich so einsam, so verloren auf dieser grauen, verregneten Autobahn, ich weinte ununterbrochen. Nach zwei Stunden Fahrt kam ich dann in der Klinik am Rhein an. Ich war am Ende meiner Kräfte, aber ich bat doch noch einmal um ein Gespräch mit dem Chirurgen. Ich wusste immer noch nicht, ob es die richtige Entscheidung war, in diese Klinik zu gehen. Ich wollte mich erkundigen, ob die Vorgehensweise eine andere war, jetzt, da ich mich für eine Mastektomie entschieden hatte. Vielleicht würde ich ja nach dieser Unterhaltung wissen, ob ich bleiben sollte oder nicht. Der Chirurg sagte mir, dass sie immer mit einer Biopsie und nicht mit dem Schnellschnittverfahren arbeiteten, Neues erfuhr ich dabei nicht.

Völlig unschlüssig ging ich zur Anmeldung, mir zitterten die Knie. Ich bekam einen schrecklichen Heuschnupfenanfall und hatte das Gefühl, ich würde jeden Moment zusammenbrechen. Man begleitete mich hoch zu meinem Zimmer. Ich war überrascht, wie klein die Klinik war und sah, dass die Zimmer keine Nummern, sondern Vogelnamen hatten. Mir wurde die Türe des Schwalbenzimmers geöffnet und ich war völlig sprachlos. Zum einen eröffnete sich mir ein unglaublich majestätischer Anblick auf den Rhein, der mich mit seiner Schönheit völlig überwältigte. Zum anderen hatte „Schwalbe" für mich eine ganz besondere Bedeutung: Schwalbe war nämlich mein Name. Es gab zwei Frauen in meinem Leben, die für mich eine große Rolle spielten. Die eine, Rosalie, hatte mich vor zehn Jahren in England zärtlich „Schwalbe" getauft, weil ich so viel herumreiste und immer unterwegs war. Seitdem hieß ich „Little swallow". Die andere, Irina Tweedie, hatte völlig unabhängig davon für ihre Sufi-Gruppe die Schwalbe als Emblem erkoren, einen Vogel, der nie den Boden berührt.

In diesem Moment war es so, als ob eine liebevolle Stimme in mir sagte: „Karoline, du bist verwirrt und erschöpft, aber es ist alles in Ordnung. Du bist in deinem Zimmer und du bist angekommen." Ich setzte mich auf mein Bett und weinte.

DIE KLINIK

Ich befand mich in einem kleinen Zweibettzimmer. Mir gegenüber saß eine andere Frau. Am liebsten wäre ich sofort in mein Bett gekrochen. Ich wollte mir die Decke über die Ohren ziehen und einfach nur verschwinden. Gleichzeitig überkam mich eine unglaubliche Erleichterung. Ich musste nicht mehr kämpfen, ich musste nichts mehr entscheiden, ich konnte mich einfach ausruhen, ausruhen, ausruhen. Ich schaute auf den mächtigen Rhein und auf die hübsche alte Brücke, die über den Fluss in die Schweiz führte. Das Ufer gegenüber wurde von romantischen alten Häusern gesäumt. Die kleine Insel in der Mitte stand fast ganz unter Wasser. Von meinem Bett aus sah ich nur das Balkongeländer und direkt darunter das Wasser. Ich kam mir vor, als säße ich am Bug eines großen Schiffes. Als mir später meine Zimmernachbarin sagte, dass man hier im Rhein noch Gold finden konnte, verstand ich zum ersten Mal die ganzen germanischen Sagen und das Drama der Wagner-Opern. Ich kam mir vor wie in der Oper „Rheingold"; auf meinem Schiff, und tief unter mir im Wasser hüteten die Rheintöchter das Gold.

Die deutschen Sagen und der Rhein hatten für mich noch nie etwas Romantisches gehabt. Ich fühlte eher Abneigung gegen ihr Pathos. Ich war in Istanbul geboren, mein Vater war dort an der Universität acht Jahre Professor für Islamische Kunst gewesen. Ich erinnerte mich immer mit Sehnsucht an den Bosporus. In diesem Krankenhaus hatte ich das erste Mal das Gefühl, dass auch im Rhein etwas Schönes verborgen lag und dass dieser Fluss sich auf seine deutsche Weise mit dem Bosporus messen konnte. Ein seltsam überwältigendes Erlebnis in der Mitte eines Brustkrebsdramas! Ich saß auf meinem Bett und war beglückt bei dem Gedanken, dass ich hier zwei Wochen bleiben durfte.

Dann kam eine freundliche Schwester herein und begrüßte mich. Es war eine sehr angenehme Atmosphäre, das Personal ein nettes Team. Das Haus selber war ehemals ein Rheinschlösschen gewesen, das später umgebaut und erweitert wurde. Es hatte immer noch das liebevolle Flair einer alten Villa. Es gab drei Stockwerke, unter uns war die Geburtshilfe, wo ich manchmal leise ein Baby hörte. Es war ein schönes Gefühl, dass dort unter uns das Leben begann. Wir waren die „Gynäkologie" und über uns die Privatpatienten. Natürlich hatte ich vage gehofft, vielleicht doch ein Zimmer alleine zu haben. Mit einer fremden Frau zusammen ein kleines Zimmer zu teilen, war schon eine Herausforderung für mich. Aber es sollte sich bald herausstellen, dass es ein absoluter Segen war.

Meine Zimmernachbarin war nett, eine Frau in meinem Alter, die ein Jahr zuvor in der gleichen Situation wie ich gewesen war. Sie hatte sich für eine Transplantation entschieden und anschließend eine Chemotherapie gemacht. Das war das erste Mal, dass ich mit Bewusstsein einer Frau begegnete, die eine Chemotherapie gemacht hatte. Ich fragte weiter und weiter, und sie gab mir geduldig auf alles eine Antwort. Sie erklärte mir auch den Tagesablauf der Klinik und wer die Ärzte, Ärztinnen und Schwestern waren. Es beruhigte mich, eine Frau im Zimmer zu haben, die das, was mir noch bevorstand, schon durchgemacht hatte. Wenn ich Fragen hatte, die sie nicht beantworten konnte, rief ich meinen Freund Holger an. Ich merkte, wie sehr ich dieses Wissen brauchte. Aber es gibt auch Frauen, für die es beruhigender ist, den Kopf nicht mit Informationen zu füllen. Mir wurde auch klar, dass die Ärzte einfach keine Zeit hatten, immer die gleichen, manchmal für sie völlig naiven Fragen zu beantworten. So war ich dankbar für diese Zimmernachbarin.

Am Nachmittag führte ich ein Gespräch mit dem Chirurgen. Ich erklärte ihm, dass ich mich für eine Mastektomie entschieden hatte. Für einen Chirurgen, der sich auf den Wiederaufbau der Brust spezialisierte, musste das eine völlig uninteressante Lösung sein. Ich war damit keine Herausforderung mehr für ihn. Ich kam mir vor, als hätte ich einen Künstler seiner Mittel beraubt. Ich stellte mir vor, dass es für diesen

Mann befriedigend sein musste, eine Brust so harmonisch und naturgetreu wiederherzustellen, wie es nur irgend möglich war. Wie konnte ich ihm vermitteln, dass auch diese Lösung ästhetisch befriedigend war, auch wenn es „nur" um eine Mastektomie ging. Ich wollte unbedingt von ihm operiert werden, seinen chirurgischen Fähigkeiten vertraute ich. Er setzte sich vor seinen Terminkalender und teilte mir mit, dass sein Oberarzt mich am Donnerstag operieren könnte. Ich zögerte. Ich wollte nicht von seinem Oberarzt operiert werden. Ich vertraute *seinen* Händen. Ich überwand mich und sagte ihm das. Er meinte, er könne nur versprechen, immer mal wieder bei der Operation hineinzuschauen, da er parallel dazu im anderen Saal operiere. Was sollte ich tun? Meine innere Stimme sagte mir, vertraue diesem Mann, akzeptiere. Es war nicht leicht. Ich nahm den Donnerstag an.

Später wurde noch einmal ein Ultraschall gemacht, und der Oberarzt fragte mich, ob ich eine kosmetische Falte haben wollte. Ich hatte keine Ahnung, was eine „kosmetische Falte" war. Er erklärte mir, dass man eine kleine Hautfalte am unteren Rand der entfernten Brust zurücklässt, damit später der BH mit der Prothese nicht abrutscht[6]. Was für ein fürchterlicher Gedanke! Ich hatte noch nie in meinem Leben einen BH getragen. Ich versicherte ihm, dass ich so glatt und ebenmäßig wie nur möglich aussehen wollte.

Am nächsten Tag sollte die Biopsie gemacht werden. Ich bekam eine lokale Betäubungsspritze. Der Arzt wusste, dass mein Tumor sehr schmerzempfindlich war, er hatte mir auch erklärt, dass man die Stelle normalerweise nicht zu betäuben braucht. Als er dann aber mit der Nadel in meinen Tumor stach und begann, Zellen aufzusaugen, zerriss es mich fast vor Schmerz. Solche Schmerzen hatte ich nur einmal vorher, während der Presswehen bei der Geburt meiner ersten Tochter erlebt. Ich fand mich plötzlich in einem widerlichen, quälenden Traum in einer U-Bahn-Station, bis ich merkte, dass ich das Bewusstsein verloren hatte. Der Schmerz war so unerträglich, dass ich ein zweites Mal ohnmächtig wurde. Als ich wieder meine Augen öffnete, sah ich meine riesigen schwarzen Halbschuhe in der Luft über mir und den besorgten Oberarzt, der meine Beine hochhielt. Ich wäre am liebsten wieder in meiner Bewusstlosigkeit verschwunden, aber ich wurde auf eine Liege gehoben und in mein Bett gebracht. Nachdem ich eine schmerzlindernde Flüssigkeit bekommen hatte, dämmerte ich eine Weile vor mich hin. Dann war plötzlich alles vorbei und ich erlebte die körperliche Seligkeit, wenn sehr intensive Schmerzen nachlassen.

Den ganzen Nachmittag genoss ich diese unglaubliche Leichtigkeit. Ich fühlte mich so glücklich wie nach der Geburt meiner ersten Tochter. Ich war fasziniert von diesem Rhythmus. Wie das Meer: eine Welle hatte mich in unglaubliche Tiefen gesogen und die nächste hob mich in eine wunderbare Höhe. Es war gleichermaßen wie ein Bild für das Leben. Ich war nicht unglücklich über den Schmerz. Ich war nur froh, dass ich mir vorher in keiner Weise hatte vorstellen müssen, was auf mich zukommen würde.

Ich erwartete das Resultat der Biopsie. Ich war wieder fit und hatte mich auf eine Heizung im Besuchszimmer gesetzt, von der aus man einen phantastischen Blick auf den Rhein hatte. Mir ging durch den Kopf, was ich machen würde, wenn der Tumor nicht bösartig wäre. Ich hatte keine Ahnung, wie man dann vorgehen würde. Musste man einen harmlosen Tumor von dieser Größe auch entfernen, oder würde ich dann versuchen, eine Operation zu umgehen? Der Tumor war inzwischen über zwei Zentimeter groß.

Der Oberarzt kam an meinem Ausblickspunkt vorbei. Er grüßte freundlich und erkundigte sich nach meinem Befinden. Ich saß immer noch, die Knie angezogen, auf der Heizung. Dann sagte er mir, dass der Befund gerade eingetroffen sei: Der Tumor sei leider bösartig. Er wartete noch einen Moment und ging dann weiter. Ein Weinkrampf schüttelte mich. Ich war völlig überrascht, wie viel Hoffnung ich doch noch gehabt hatte und welch eine Verzweiflung ich noch einmal spürte. Jetzt war das Urteil endgültig. Und in dem Moment wurde mir klar, dass ich mich nie ohne eine Biopsie hätte operieren lassen wollen. Die Vorstellung, ohne genau Bescheid zu wissen, mir eventuell wegen eines gutartigen Tumors die halbe Brust entfernen zu lassen, war unmöglich. In der anderen Klinik wäre ich wahrscheinlich in der Nacht davor davongelaufen.

Mit dem Weinen kam aber auch Ruhe. Jetzt war klar, wie alles weitergehen würde. Ich hatte noch zwei Tage, um mich auszuruhen und Kraft zu schöpfen. Als ich an diesem Abend mit Pieter telefonierte, sagte er mir, dass er genau am 22. April vor zwei Jahren, also demselben Tag, an dem ich operiert werden würde, seinen Schlaganfall gehabt hatte. Und er strahlte förmlich durch das Telefon und fügte noch hinzu: „Und du siehst ja, wie es mir heute geht!" Das fand ich einen wunderbaren „Zufall". Damals kannte ich Pieter noch nicht. Wir waren uns erst im letzten Sommer begegnet, und mir hatten sofort sein Alter, seine Heiterkeit und seine Lebenslust Spaß gemacht. Er war selber schon in einer vergleichbaren Situation wie ich gewesen, und das machte ihn jetzt auch zu einem so wunderbaren Begleiter.

Zu meinem Erstaunen tat mein Tumor seit der Biopsie nicht mehr weh. Jetzt spürte ich Erleichterung, weil das erste Mal seit längerer Zeit der Druck in der Brust nachgelassen hatte. Ich fragte eine der Assistenzärztinnen danach, und sie bestätigte mir, dass sich der Tumor durch den Eingriff zusammenzieht.

Ich hatte Zeit und mir wurde wieder bewusst, dass ich alles, was mir passierte, dokumentieren wollte. Ich wollte ein Buch schreiben, um Frauen, die durch diese Hölle gehen müssen, Mut zu machen. Das musste möglich sein. Vielleicht bekam ich deshalb von allen Seiten so viel Hilfe. Die Idee mit dem Buch nahm immer klarere Formen an. Als am nächsten Tag der Chirurg auf seiner Visite bei mir vorbeikam, erzählte ich ihm kurz davon. Ich sagte ihm auch freundlich scherzend, dass ich gerne eine schöne Narbe hätte, vielleicht eine Narbe mit einem kleinen Schwung drin. Ich hatte noch nicht viele Abbildungen von Mastektomienarben gesehen, aber ich fragte mich, warum man nicht auch eine *Narbe* ästhetisch gestalten konnte.

Im Laufe des Tages erfuhr ich, dass ich vor der Operation „eingezeichnet" werden würde. Ich hoffte, dass mich Dr. G. selber einzeichnen würde. Am Abend um acht Uhr kam er dann plötzlich in mein Zimmer geeilt, zückte einen roten Filzstift und bemalte mit unglaublicher Sicherheit und Geschwindigkeit meine kleine Brust. Dabei sagte er in einem ganz freundlichen, überzeugten Ton: „Sie haben Recht, das kann man auch schön machen", wünschte mir einen guten Abend und verschwand wieder. Ich war erleichtert und gleichzeitig etwas überrumpelt von dem Tempo, in dem alles passiert war.

Mich beschäftigte inzwischen eine andere Frage sehr. Was sollte ich meinen Kindern sagen? Bis jetzt wussten sie nur, dass ich einen Knoten in der Brust hatte, der weh tat. Das hatte ich ihnen schon einige Zeit vor der Diagnose gesagt, wenn sie beim Spielen allzu wild wurden und ich Angst bekam, sie würden aus Versehen an meine Brust stoßen. Ich war es gewohnt zu Hause, auch vor den Kindern manchmal nackt herumzulaufen. Würde ich jetzt meine operierte Seite verstecken? Würden meine Kinder schockiert sein? Ich stellte es mir furchtbar vor, wenn sie ohne Vorbereitung mit einer amputierten Brust konfrontiert würden. Aber wie sollte ich ihnen das sagen? Sie waren noch sehr klein. Ihnen etwas zu erklären, wofür sie gerade kein offenes Ohr hatten, war unsinnig und wäre vielleicht noch eher ein Schock. Ich merkte wieder, ich konnte nichts vorher planen, ich konnte einfach nur abwarten.

Am nächsten Tag kamen sie zu Besuch: Tanja und Charlotte. Der Papa hatte sie gebracht. Als erstes begeisterte sie der Blick auf den Rhein. Sie standen beeindruckt da, und es wurden gleich neue Pläne fürs Angeln geschmiedet. Dann fragten sie mich, ob ich schon operiert wäre. Ich sagte: Noch nicht, aber ich wäre schon eingezeichnet, mit roter Tinte, wie ein Indianer. Das wollten sie sehen.

So zeigte ich ihnen die Brust und erklärte, dass der Kreis rechts unten den Tumor markierte und die Linie um die Brust herum die Stelle, wo der Chirurg schneiden würde. Die Kinder waren etwas ungläubig und fragten, ob dann die ganze

Brust weg sei. Das bejahte ich. Charlotte wollte wissen, ob sie wieder nachwachsen würde. Ich erklärte ihr, dass das leider nicht ginge, aber sie hätten dann eine ganz einmalige Mami, denn mit nur einer Brust, das gäbe es gar nicht so oft. Das fanden sie auch. Und da die Sache für mich nicht mit Angst oder Horror besetzt war, nahmen es die beiden auch ohne zu erschrecken an. Ich war über diese Wendung sehr froh. Auch meine Kinder hatten eine Chance gehabt, sich von meiner Brust zu verabschieden. Sie hatten sie noch einmal mit der roten Markierung gesehen und wussten, dass sich etwas verändern würde.

Später las ich noch in Ruhe die Einwilligung zur Operation durch. Ich fragte eine Assistenzärztin, ob man wirklich den Brustmuskel nicht anrühren würde. Sie bestätigte das. Dann kam der Narkosearzt kurz zu mir.

Ich hatte noch einen Tag Zeit. Die Idee mit der Dokumentation ging mir durch den Kopf. Von der Sekretärin des Chefarztes erfuhr ich mehr über die Klinik. Dr. G. war ein international geschätzter Chirurg. Ich las einige seiner Artikel und Vorträge und fand mehr über die Vorgehensweise bei solchen Eingriffen heraus. Auf meine Bitte hin hatte seine Sekretärin mir die Unterlagen zur Verfügung gestellt. Ich wollte Material für mein Buch sammeln. Eigentlich hätte ich auch gerne ein Photo von der eingezeichneten Brust gemacht. Ich rief Miguel an, aber er war nicht zu Hause. Es schien mir verrückt, kein Photo zu machen. Dies war meine Chance. Wenn ich wirklich ein Buch schreiben wollte, dann brauchte ich so viel Material wie nur möglich. Übermorgen schon würde ich nur noch eine Brust haben. Als ich das nächste Mal eine der Assistenzärztinnen sah, fragte ich sie, ob von der Klinik aus ein Photo gemacht werden könnte. Sie sagte mir, dass dies bei größeren Operationen sogar üblich wäre, um später bei der Rekonstruktion Anhaltspunkte zu haben. Bei einer Mastektomie, also einem kleineren Eingriff, war das natürlich nicht nötig. Ich fragte trotzdem, und wir machten einen Termin aus. Als die Ärztin dann meine Brust photographierte, kam mir das erste Mal der kühne Gedanke, auch die Operation selber zu dokumentieren. Da wir sowieso miteinander redeten, fragte ich, ob dies denn überhaupt möglich wäre. Sie bejahte, denn es war durchaus keine Ausnahme in ihrem Haus, da Dr. G. viele seiner Arbeiten veröffentlichte. Das machte mir Spaß. Ich bat um die Möglichkeit, auch während meiner Operation Photos machen zu lassen. Sie schrieb dies als Bitte in meinen Bericht für die Operation. Ich hatte noch keine Ahnung, ob ich mich jemals trauen würde, diese Photos anzuschauen oder ob es passend sei, sie in meinem Buch zu benutzen. Aber die Möglichkeit zu haben, war wunderbar. Leider konnte ich den Chirurgen nicht selber fragen, da er nicht im Haus war. Eigentlich wollte ich eine solche Bitte nicht über seinen Kopf hinweg stellen.

Die Nacht vor der Operation war unruhig: Entsetzen schlich sich ein. Die Vorstellung, dass ich mir am nächsten Morgen mit meinem Einverständnis die rechte Brust amputieren ließ, war fürchterlich. Ein Teil in mir wollte das einfach nicht glauben. Ich ließ mich verstümmeln. Ich würde körperlich behindert sein, das würde mir später das Versorgungsamt mit einem „Schwerbehindertenausweis" bestätigen. Ich musste mich selber wieder davon überzeugen, dass es ja *meine* Entscheidung war, weil ich diesen Tumor entfernen lassen wollte.

Genau in diesen Tagen waren die Zeitungen voll mit den Brutalitäten im Kosovo. Gräueltaten, die an Frauen verübt wurden, Vergewaltigungen, Verstümmelungen, Massaker. Das Wissen, dass sich in so unmittelbarer Nähe solche Schicksale ereigneten, machte mir bewusst, in welch einer unglaublich privilegierten Lage ich mit meinem Krankenhausbett und einer gut vorbereiteten Operation war. Ich betete für diese Frauen, die dort im Schock und Horror lagen, und ich betete auch dafür, dass meine Operation so gut wie möglich verliefe.

Der nächste Morgen war da, ich war gefasst. Es ging früh los. Der Chirurg kam noch einmal kurz vorbei. Ich hatte Recht mit meiner Vorsicht, den Photowunsch nicht über seinen Kopf hinweg zu äußern. Er schien etwas ungehalten deswegen. Ich sagte ihm, dass ich es völlig respektieren würde, wenn dies nicht möglich sei. Die Vorstellung, dass die Operation vielleicht mit weniger Konzentration durchgeführt werden würde, weil eine der Assistenzärztinnen anfing Photos zu machen, war für mich auch nicht gerade beruhigend. So war hinter meinem Wunsch kein Druck, und ich überließ die Entscheidung dem Chirurgen.

Als erstes wurde mir ein Blasenkatheter eingesetzt. Unangenehm! Ich assoziierte damit Abhängigkeit, Hilflosigkeit und Ausgeliefertsein. Aber es würde dazu beitragen, die Operation zu erleichtern. Wenn ich wusste, dass eine Situation unausweichlich war, dann sagte ich innerlich ja dazu und versuchte das Beste daraus zu machen. Also bat ich die Schwester, mir jeden Schritt beim Einsetzen des Katheters vorher zu erklären.

Danach bekam ich eine Beruhigungspille, war aber immer noch genauso wach wie vorher. Ich wurde in meinen Thrombosestrümpfen und dem Operationskittel, den ich unwissenderweise falsch herum angezogen hatte, in den Operationssaal geschoben und auf den Operationstisch gelegt. Die Schwestern lachten über den Kittel. Der Narkosearzt legte die Kanüle für die Narkose in meine Vene. Es war eisig kalt im Operationssaal und ich dachte noch: „Wie werde ich das bei der Kälte aushalten, so halb nackt auf diesem Tisch". Dann teilte mir der Narkosearzt mit, dass er jetzt mit dem Betäubungsmittel beginnen würde. Ich sagte mein Mantra, und wenige Sekunden später war ich nicht mehr bei Bewusstsein.

NACH DER OPERATION

Sooft ich es auch versucht hatte, ich konnte mir nicht vorstellen, nach der Operation wieder in meinem Zimmer aufzuwachen. Das beunruhigte mich so, dass ich nachgefragt hatte, ob sie vielleicht vorhatten, mich in ein anderes Zimmer zu legen. Seltsam, dass ich kein Bild davon hatte, was danach kommen würde. Erst später verstand ich warum. Mit dieser Operation begann für mich ein neues Leben.

Als ich dann mein Bewusstsein wiedererlangte, wurde ich gerade von der Liege in mein Bett gehoben. Mir war eisig kalt, und ich bat um mehr Decken. Mit Erleichterung stellte ich fest, dass ich in meinem alten Zimmer war. Die Schwester gab mir ein Schmerzmittel, und ich versank für die nächsten Stunden in einen Dämmerzustand.

Um fünf Uhr nachmittags wurde ich plötzlich hellwach. Die akuten Schmerzen hatten nachgelassen, und ich wollte so schnell wie möglich ausprobieren, ob und wie ich mich bewegen konnte. Ein riesiger Druckverband presste meinen armen Brustkorb zusammen, aber ich konnte mich mit Hilfe der Schlaufe über meinem Bett gut in eine Sitzposition hochziehen. Ich war froh, wieder auf den Rhein zu blicken und glücklich, dass ich die Operation überstanden hatte. Ich rief sofort Pieter an, ich war voller Energie. Ich hatte niemanden gebeten, in die Klinik zu kommen, um nach der Operation bei mir zu sein. Ich schien sowieso immer alles alleine zu machen. Ich hatte nicht einmal daran gedacht, zu den ganzen Arztterminen und Untersuchungen eine Begleitung mitzunehmen. Wie angenehm es sein konnte, wenn eine Freundin bei solchen Terminen dabei war, lernte ich erst später kennen. Es brauchte noch einige Zeit, bis ich von meinem Anspruch, „immer alles alleine schaffen zu müssen", losließ und lernte, liebevoller mit mir selber umzugehen.

In dieser Zeit waren meine eigentliche Begleitung die täglichen Telefonate mit Pieter. Ihm berichtete ich, wie es mir ging, wie es um mich herum aussah und was in mir ablief. Manchmal musste ich ihn bremsen, denn in seiner männlichen Art versuchte er, mir für meine Probleme Lösungen zu präsentieren. Sehr oft wusste ich, dass es keine Lösung gab. Wenn ich verzweifelt war, brauchte ich jemand, der meine Verzweiflung hörte. Das war die größte Hilfe. Dann war ich nicht allein.

Am Abend kam der Chirurg kurz bei mir vorbei und schüttelte mir die Hand. Er schien dabei meinen festen Händedruck zu testen, schließlich war die rechte meine operierte Seite. Dann sagte er mir ganz vertraulich: „Wissen sie, ich habe die ganze Operation doch selber gemacht, der Oberarzt hat nur zugenäht." Was für eine Überraschung, ich hätte ihn am liebsten umarmt, aber in dem Moment war er auch schon wieder aus meinem Zimmer verschwunden. Ich wusste, bei der Entfernung meiner Lymphknoten hätte er leicht einen Nerv verletzen können, so dass ich für immer überempfindliche oder taube Stellen im Oberarm und unter der Achsel behalten hätte. Zu diesem Chirurgen hatte ich völliges Vertrauen, und wie sich später herausstellte, hatte ich auch nicht oft Probleme mit den Nerven und überhaupt keine Probleme mit der Bewegungsfreiheit meines Armes.

Während der vierzehn Tage in der Klinik hatte ich kaum Besuch. Ich telefonierte, wenn ich es brauchte, und ich liebte es, Zeit für mich zu haben. Die erste Nacht schlief ich nicht. Ich konnte im Liegen kaum atmen, da der Verband sehr fest war. Die ganze Nacht wechselte ich von kurzem Liegen zum Sitzen. Viele Stunden schaute ich auf den Fluss, der sich in einer solchen Unendlichkeit und Gleichmäßigkeit dahinbewegte. Ich ließ meine Gedanken mit ihm weiterfließen, er war wie ein Sinnbild für das Leben. Wie viele Gedanken er wohl schon in den Jahrhunderten mit sich fortgetragen hatte?

Manchmal kam die Nachtschwester herein, maß meinen Blutdruck und erkundigte sich nach meinem Wohlbefinden. Ich empfand eine Mischung von dumpfer Taubheit und Schmerz in der Brust und im Arm. Ich hatte Angst vor den Schmerzen, wenn ich mich bewegte. Gleichzeitig hielten aber meine Rückenmuskeln das stille Liegen kaum aus, so dass ich mich immer wieder aufsetzen musste. Wegen des engen Druckverbandes konnte ich auch nicht richtig durchatmen. Das Sitzen half dabei. Dann spürte ich meinen Körper, er fühlte sich völlig zerschlagen an und trotzdem war ich im Frieden mit mir. Alles um mich war still, nur das sanfte Rauschen des Flusses. Ich spürte die Zeit und die Ewigkeit und es störte mich nicht, die ganze Nacht wach zu sein. Auch in den Nächten vorher hatte ich oft wach gelegen und hinausgeschaut. Gedanken kamen und gingen, und das Buch fing an sich zu schreiben.

Es war für mich eine große Erleichterung zu wissen, dass ich morgens keine Verpflichtungen hatte, keine Kinder wecken und zur Schule fahren musste, keine Arbeit, die auf mich wartete. Ich konnte einfach in diesem Bett liegen bleiben solange ich wollte, tagelang. Daran merkte ich wieder, wie vollkommen erschöpft ich die ganzen letzten Jahre gewesen war.

Ich sah die Lichter, die sich im Wasser spiegelten, das Restaurant gegenüber, das erst um vier Uhr morgens schloss, und die Silhouetten der Hügel im Hintergrund. Die Zeit zwischen vier und fünf Uhr war die schönste, alle Lichter wurden gelöscht und dann begann die Morgendämmerung mit dem wirren Vogelgezwitscher. Die Enten wachten etwas später auf als die anderen Vögel und veranstalteten ihr ganz eigenes Morgengeschnatter. Die Kirchturmuhr hatte mich die ganze Nacht begleitet. Ich fühlte mich sehr verbunden mit dem Leben, mit Gott, mit meinem innerem Frieden. Erst im Morgengrauen schlief ich für einen kurzen Moment ein und hatte dabei einen seltsamen Traum von meiner Mutter.

Nach dem Frühstück wurde der Druckverband abgenommen. Ich wollte gleich hinschauen. Es war nicht so einfach. Keine Brust mehr, die ganze rechte Seite sah uneben aus, teils geschwollen und von vielen blauen Flecken durchdrungen. Die Narbe war dick, man sah, dass die Haut gerade erst zusammengenäht worden war. In der Nacht hatte ich mir plötzlich Sorgen gemacht, dass sie mir vielleicht doch aus Versehen so eine kosmetische Falte eingenäht hätten. Ich war erleichtert, es war eine glatte Narbe. Ganz vorsichtig berührte ich meinen Körper, alles war taub und wund. Ich war froh, dass ich einen ersten Kontakt zu dieser neuen Seite von mir machen konnte. Ich berührte sie so oft ich konnte, als wollte ich sie damit aus ihrer Taubheit herausholen.

Während des ersten Tages war ich trotz der durchwachten Nacht keinmal eingeschlafen. Eine Freundin hatte mich besucht, und ich hatte meine ersten Gehversuche gemacht und begann wieder etwas zu essen. Am Abend war ich müde, ich genoss die Dämmerung, das Dunkelwerden der Hügel über dem Fluss und wartete auf den erlösenden Schlaf. Aber als ich die Augen schloss, ohne die Ablenkung des Tages oder den Druckverband der ersten Nacht, spürte ich plötzlich keine Müdigkeit mehr. Ich spürte nur noch meine rechte Brust. Es war ein grässliches schwarzes Loch. Unermesslicher Horror überkam mich. Es war der Horror meiner Zellen. Mein Körper schrie mich an: Wie konntest du das tun?

Dann lag ich auf dem Boden eines dunklen Schachtes. Ich schaute durch einen Bodenrost zu einem Stückchen grauen Himmel über mir. Es war ein düsterer Schacht aus eng zusammenstehenden alten Mietshäusern. In dem Rost erschienen plötzlich von verschiedenen Seiten Köpfe. Es waren Köpfe mit Gesichtsmasken. Da merkte ich, dass ich im Operationssaal lag. Das Gitter über mir waren die Lampen über dem OP-Tisch. Mein Körper hatte mir ein stumpfes Bild aus der Narkose mitgebracht. Und dann verstand ich meinen Körper: Er wollte meinem Bewusstsein nie wieder erlauben zu gehen. Mein Körper hatte Angst, dass ihm dann noch einmal so etwas Furchtbares angetan werden könnte. Ich verstand und begann mit den Zellen meines Körpers zu sprechen. Jede Zelle spürte die Schnitte, die offene Wunde, das Heraustrennen meiner rechten Brust, die Verstümmelung. Mein Bewusstsein war mit der Narkose ausgeschaltet worden, aber meine Zellen hatten alles Geschehene gespeichert. Ich entschuldigte mich bei meinem Körper. Ich versuchte, ihn zu beruhigen, ihn mit meinem Bewusstsein wieder in Einklang zu bringen, aber er hatte mir den Kampf erklärt. Aus Angst versagte er mir den Schlaf.

Jetzt hätte ich gerne eine Freundin bei mir gehabt, die mit der Ruhe ihrer eigenen Zellen zu meinen Zellen hätte sprechen können. Ich sehnte mich danach, dass jemand meine Hand hielt. Aber ich war allein und musste einen Weg finden, dieses Vertrauen zwischen Körper und Bewusstsein wieder herzustellen. Es war ein furchtbarer Aufruhr in mir. Ich begann wieder und wieder mit meinem Körper zu reden. Am Ende erzählte ich ihm, dass die Frau in dem Bett neben mir die ganze Nacht da sei, um aufzupassen, dass ihm nichts geschehen würde, wenn ich einschliefe. Es war harte Arbeit.

In dieser Nacht schlief ich nur für eine Stunde. Die andere Zeit bewegte ich meine schmerzenden Muskeln, streichelte meine taube Haut und schaute auf den Rhein, so wie ich es noch viele weitere Nächte tun würde. Ich fing an, trotz meines schmerzenden, zittrigen rechten Armes, die ersten Aufzeichnungen für das Buch zu machen.

Die nächsten Tage beobachtete ich mich. Meine Erfahrungen mit der Alexander-Technik halfen mir dabei. Durch sie hatte ich gelernt innezuhalten, innerlich sowie äußerlich, und vor jedem neuen Schritt bewusst zu entscheiden, wie ich weitergehen wollte. Ich war verblüfft über meine starken körperlichen Reaktionen. Wenn ich nicht ständig daran dachte, nahm ich eine Schonhaltung ein, die meinen ganzen Muskelapparat aus dem Gleichgewicht brachte. Ich bemerkte, dass ich vorsichtig herumschlich. Ich war schwach und konnte nur langsam gehen, aber deswegen musste ich nicht meine Schulter hochziehen, den Arm verkrampfen und flacher atmen. Ich lief bewusst langsam, aber richtete mich dabei aus meiner vorgebeugten Haltung auf, erlaubte den daraus entstehenden Schmerz und ließ immer wieder meine automatische Krampfhaltung los. In dem Moment fühlte mich auch sofort weniger leidend, dafür selbstsicherer und auch stärker.

In dieser Zeit, als ich so intensiv mit meiner körperlichen Schwäche konfrontiert wurde, gingen mir viele Dinge durch den Kopf: Was wäre, wenn der Krebs schlimmer würde, wenn ich auf die Hilfe anderer angewiesen wäre, wenn ich Schmerzen hätte, wenn ich sterben würde? Meine Freundin Ina aus Zürich besuchte mich ein paar Tage nach der Operation. Ina erinnert mich immer an eine alte Indianerin, eine weise Frau, die mit ihrer inneren Kraft in Verbindung steht. Sie ist stark und unabhängig. Zu ihr wagte ich offen darüber zu sprechen. Es war eine große Erleichterung, diese Gedanken auszudrücken, ohne dass sie zurückgewiesen wurden. Sie sagte nichts

„beruhigendes" und ermahnte mich auch nicht, „doch an solche Sachen jetzt noch nicht zu denken", sie hörte mir zu und allein durch ihr Zuhören verloren meine Ängste und Sorgen bald ihre Macht.

Ganz langsam kam ich wieder zu Kräften und gewöhnte mich an meinen veränderten Körper. Ich bewegte mich viel, besonders den tauben Arm- und Brustbereich, der sich hölzern anfühlte. Auch hatte ich oft dieses seltsame Gefühl, als hätte mir jemand ein zusammengerolltes Handtuch unter die Achsel geklemmt.

Zwei Tage nach der Operation kam zum ersten Mal die Physiotherapeutin, die mir Dehnungsübungen zeigte und mir eine leichte Lymphdrainage gab. Es tat gut zu spüren, wie ein anderer Mensch meinen zerschundenen Körper berührte. Es tat auch gut zu wissen, dass diese Physiotherapeutin schon so viele Brustamputationen gesehen hatte, dass sie nicht schockiert sein musste. Ich selber hatte mich ja erst an diesen Anblick gewöhnen müssen.

Die ersten Dehnungsübungen waren schmerzhaft. Ich war erstaunt, dass ich meinen Arm nicht weit über meinen Kopf heben konnte. Mir lag viel daran, sobald wie möglich meine gewohnte Flexibilität zurückzubekommen. Die Physiotherapeutin bestätigte mich in meinem Streben. Solche Dinge wie ein Hemd über den Kopf ausziehen waren nur mit ziemlichem Schmerz und im Zeitlupentempo ausführbar, aber ich tat es als Übung. Ich wollte diesen Dehnungsschmerz nicht umgehen.

Jeden Morgen bei Sonnenaufgang stellte ich mich auf den Balkon und machte meine Atemübungen aus dem Qui Gong. Es war wunderbar, so als ob ich die kühle Morgenluft zum ersten Mal einatmete. Die Sonnenstrahlen hinter den Wolken schienen intensiver als je zuvor, die Farben, die Gerüche, die Geräusche, alles konnte mich begeistern. Es war so, als hätte ich all dies jahrelang nicht mehr gespürt. Zweimal hätte ich in einem Gespräch beinahe „nach der Geburt" anstatt „nach der Operation" gesagt. Ich schrieb einen Brief an Marlena:

Liebe Marlena,

jetzt habe ich gerade das erste Mal wieder die „Fünf Tibeter" gemacht. Draußen auf dem Balkon, sechs Tage nach der Operation.

Ja, ich habe mich in eine Amazone verwandelt. Es war noch eine lange Odyssee, bis ich hier in der Klinik in meinem kleinen Zimmer ankam. Habe ein Bett direkt mit Blick auf den Rhein. Es ist ein Geschenk. Tagelang schaue ich raus auf dieses ewige Fließen mit seinen gigantischen Strudeln. Ich beobachte die Schwäne, wie sie sich treiben lassen, um dann tief über dem Wasser wieder flussaufwärts zu fliegen. Manchmal schwingen sie sich auch hoch in den Himmel hinauf, ganz majestätisch. Es ist lebendig hier mit dem Zwitschern und Schnattern der Wasservögel. Morgens der Nebel über dem Fluss und den Hügeln, bis die Sonne aufgeht. Drei Tage lang, jedes Mal ein wunderschöner breiter Regenbogen über dem weiten Himmel vor mir.

Natürlich reißt es mich innerlich auch manchmal in einen der tiefen Strudel. Ich werde nach unten gesogen, in die Nacht, den Schrecken, den Horror. Aber weißt du, ich habe so viel Hilfe, so als ob mich die Engel manchmal auf Händen tragen würden. Aus jeder Dunkelheit komme ich wieder hervor, bereichert, als hätte ich ein Stück Rheingold mit aus der Tiefe heraufgebracht.

Ich fühle mich in dieser Zeit oft so reich beschenkt. Es klingt seltsam, aber ich wollte keine Minute dieser ganzen Erfahrung missen. Es ist das Leben in seiner Intensität, wie ich es immer geliebt habe, es ist eine neue, große Herausforderung! Ich kann, wenn ich diesen inneren Frieden habe, alles so völlig annehmen, und dazu gehört das Leben *und* das Sterben. Und auch in den Zeiten, in denen ich einfach mit meinem menschlichen Verstand nicht mehr begreifen kann, warum die Dinge gerade so sind wie sie sind, und wenn ich manchmal denke: „Jetzt müsste es doch anders gehen", so vertraue ich zutiefst, dass alles seinen Sinn hat.

Auch kann ich meinen veränderten Körper gut annehmen und mich zärtlich um ihn kümmern, so als wäre ich ein Kind, das furchtbar verletzt worden ist. Meine rechte Seite sieht aus wie die eines kleinen Mädchens, ohne Brust, ganz zart.

Auch Tanja und Charlotte scheinen ganz gut mit der Geschichte zurechtzukommen. Ich habe ihnen erzählt, dass ich später auf meine „neue Seite" auch so eine schöne Blume wie Andree O'Conner tätowieren will. Davon waren sie begeistert und haben gleich überlegt, welche Blume und ob auch eine goldene möglich sei.

Ach ja, Marlena, ich muss dir noch eine lustige Geschichte zu den „Übungen für die Brust" erzählen, nach denen ich dich ganz am Anfang auf Kreta gefragt hatte. Du wolltest in deinem Buch schauen. Als du mich danach aber nie mehr darauf ansprachst, nahm ich an, dass du nichts Spezielles für die Brust gefunden hattest. Am letzten Abend erzähltest du mir dann, du hättest gleich zu Beginn des Kurses alle Übungen in deinem Buch angekreuzt. Ich war erstaunt und dachte, nun würdest du sie mir eben vor dem Abflug noch zeigen. Erst als ich dann im Flugzeug saß, merkte ich, dass ja alle diese Übungen, die du mit der ganzen Gruppe zwei Wochen lang gemacht hast, die Übungen für mich nach der Brustoperation waren. Alle neunzehn Mitreisenden haben brav mitgeübt! Du bist ein Schatz! Welch ein perfektes Beispiel dafür, wie wir manchmal Zusammenhänge einfach erst viel später wahrnehmen.

So bin ich irgendwie im Frieden mit allem. Ich warte auf die Resultate der Analyse des Tumors. Jetzt geht es darum, die Nachbehandlung festzulegen. Auch da sinke ich noch manchmal in Angst und Schrecken, wenn ich daran denke, dass es wahrscheinlich eine Chemotherapie sein wird oder auch Bestrahlung. Ich muss tief in mich gehen und mich wieder mit diesem Frieden verbinden oder um ihn bitten, um meinen Mut nicht zu verlieren. Bis jetzt war so viel Mut da und auch so viel Kraft. Ich hoffe, es wird auch weiter so bleiben.

Diese zwei Wochen auf Kreta mit deiner Begleitung waren ein wunderschönes Geschenk. Auch Pieter zehrt noch viel davon. Er rief gerade an, um „Guten Morgen" zu sagen und erzählte, dass er gerade seine „Fünf Tibeter" gemacht hätte und nun zum Bäcker radeln würde.

Auch von ihm ganz liebe Grüße,

und von mir – ein bisschen Gold aus dem Rhein (hier kann man wirklich noch Gold waschen, ist das nicht eine schöne Vorstellung?) und Sonne und Liebe –

deine Karoline

DIE UNRUHE

Nach zehn Tagen in der Klinik wurde ich ungeduldig. Der Befund kam nur stückchenweise und die Unsicherheit über das, was mir noch bevorstehen würde, machte mich labil. Ich hatte mit Linda telefoniert, mich erkundigt wie es bei ihr mit dem Befund und der Nachbehandlung gelaufen war. Linda hatte eine Chemotherapie gemacht. Sie sprach wieder mit einer unglaublich positiven Einstellung, erzählte aber auch, dass sie Höllenqualen gelitten hatte. Sie hatte die Chemotherapie den „großen Hausputz" genannt und sich dabei immer vorgestellt, wie jede Ecke und jeder Winkel ihres Körpers von Krebszellen gereinigt würde.

Jetzt war es an mir, sie auszufragen und Details zu diesem Thema zu erfahren, obwohl mir davor graute. Sie berichtete, dass sie zwölf Tage nach der Operation, sobald alle Befunde eingetroffen waren, mit dem ersten Zyklus einer CMF, der schwächeren der beiden Chemotherapieformen, angefangen hatte. Diese Nachricht brachte mich völlig aus der Fassung. Ich lag in meinem Bett und hatte plötzlich keine Nerven mehr. Ich schrie innerlich vor Verzweiflung. Gerade war die Operation vorbei, die Wunde noch nicht zugeheilt, und sie würden sofort mit einer Chemotherapie anfangen, fünf Monate Qualen. Das Schlimmste war, ich würde mich selber dazu entscheiden müssen, mir dieses Gift einspritzen zu lassen. Ich würde mich freiwillig vergiften lassen! Ich hatte plötzlich das seltsame Gefühl, dass ganz ähnliche Sachen mit Frauen in den Konzentrationslagern gemacht worden waren, nur waren sie damals Opfer eines grausamen Regimes gewesen, und wir taten diese Dinge heute aus eigener Entscheidung, mit Narkosen, in warmen Krankenhausbetten und auf Anraten der Schulmediziner.

Ich hatte während meiner Krebsbehandlung schon öfter eine solche Assoziation gehabt. Wenn die Frauen, die eine Chemotherapie machten, ihre Glatzen nicht unter Tüchern oder Perücken versteckten, sahen sie einfach wie Häftlinge aus. Die Chemotherapie ließ ihre Gesichter oft ungesund, grau und gequält erscheinen. Sie erinnerten mich an gefolterte Menschen. Wenn ich Photos von amputierten Brüsten sah, beschlich mich dasselbe Gefühl. Die Schulmedizin hatte etwas brutales, sadistisches. Waren das wirklich die einzigen „Heil"-Methoden? Bestrahlungen in strahlensicheren Bunkern, die kein Arzt während einer Behandlung betreten würde, um sich nicht selber zu gefährden. Oder Krankenschwestern mit Masken und Gummihandschuhen, die Chemotherapiespritzen in sterilen Behältern vorbereiteten, in äußerster Vorsicht vor den hochgiftigen Substanzen. Und wir Patientinnen setzten uns Perücken und bunte Kopftücher auf und lächelten tapfer.

Ich versuchte all dies auf einer anderen Ebene zu verstehen. Vielleicht ging es bei dieser ganzen Erfahrung um das völlige Akzeptieren, besonders auch der Schulmedizin. Vielleicht war es meine große Chance, geheilt zu werden? Ich würde diese Chemotherapie machen, wenn es das Beste für mich war. Ich las alle Abhandlungen über die Behandlung von Brustkrebs, die mir in die Finger kamen, und viel über alternative und ganzheitliche Heilmethoden. Ich fügte meiner „gesunden Ernährung" täglich Karottensaft hinzu, später zu Hause entsaftete ich die Möhren selber und gab auch immer noch Rote Beete, Apfel und Vitamin C bei sowie einen Löffel Weizenkeimöl. Außerdem achtete ich darauf, genügend Vitamine, Mineralien und Spurenelemente, besonders Zink und Selen, zu nehmen. Auch arrangierte ich einen Termin in der anthroposophischen

Lukasklinik, um mit einer Mistel-Therapie zu beginnen. Aber das Warten auf die Befunde zermürbte mich. Als ich mit Pieter telefonierte, scherzte ich über eine Überdosis Schlaftabletten, die vielleicht das beste Mittel wäre, all meine Probleme zu lösen. In der Nacht schrieb ich mir meinen ganzen Kummer von der Seele:

Lieber Pieter,
 als du heute mit mir sprachst, war es so, als ob du mehr an meinem Leben hängst als ich. Ich merke, irgendwo ist es mir egal, ob ich sterbe oder nicht und ich nehme immer an, dass es den anderen eigentlich auch egal ist. Ich habe eher ein schlechtes Gewissen, dass ich mich sozusagen aus dem Staub mache. Und dann ist da das Wissen, dass alles, wirklich alles, genau so gut auch ohne mich weitergehen kann und wird. Ist das seltsam?

Es gibt einen Teil in mir, dem ich keinen Ausdruck verleihe, den ich vor mir selber oft nicht einmal atmen lasse, der sich aber doch in dieser Krankheit einen starken Ausdruck verschafft hat. Es ist einfach die Sehnsucht zu sterben. Ich kenne das so gut, und in den letzten Tagen, wenn ich bei meinen ersten Spaziergängen auf die Rheinbrücke ging und herunterschaute in diese tosenden Wassermengen, die in Strudeln umeinander wirbeln, nach unten saugen, dann ist es so, als ob die Strudel rufen: „Komm, spring doch." Es ist wie eine kleine Versuchung, der Gedanke ist da: „Ach, ich könnte doch springen." Nicht einmal mit einem „ach". Es ist einfach wie eine Möglichkeit. Ich schiebe es dann weg und sage mir: „Nicht da hineingehen in diese Gedanken." Das ist sicher auch richtig so. Aber es hilft mir, auch diese Gedanken einmal niederzuschreiben.

Es gibt Tage, an denen mich jedes Auto dazu auffordert, schnell auf die Straße zu springen. Es ist verrückt. Oder das Obstmesser in meinem Nachtisch sagt: „Stich doch!" Aber ich will nicht Selbstmord begehen!

Als ich die Diagnose „Krebs" gehört habe und mit mir so im Frieden war, da war ich fast erschrocken, denn etwas in mir sagte: „Endlich darfst du sterben." Und in dem Moment, in dem ich mir innerlich erlaubt hatte zu sterben, da war ich wie erlöst. Dann habe ich überlegt, ob ich wirklich alles erledigt habe und was ich hätte besser tun können. Ich weiß es nicht, Pieter. Ich glaube, ich habe mein Bestes getan, auch wenn das vielleicht nicht gut genug war. Ich sehe nicht, was ich noch bereinigen müsste. Ich sehe, dass ich alles, was ich jetzt tue, so bewusst wie möglich tun möchte. Dass ich mehr beten möchte, dass ich diesen Kontakt manchmal vernachlässige und verliere, der Kontakt, der mir eigentlich der liebste und tiefste ist. Dort „drüben" habe ich mich schon immer gut aufgehoben gefühlt. Ich wollte immer zurück, manchmal mit den wunderschönsten Erinnerungen, mit einer Sehnsucht, die mich schier zerbersten lässt. Es ist die Sehnsucht nach „Ihm", nach dem „Großen Geliebten", wie die Sufis „Gott" oder das „Nichts" nennen. Eine Sehnsucht, die so stark ist, dass sie schmerzt. Kennst du die Liebesgedichte von Rumi? Von den großen Mystikern des Islam? Sie sind Poesie meiner Seele, das fühle ich auch so.

Über diese Seite in mir spreche ich sonst nicht. Es ist eine Seite, die mich in unglaubliche Seligkeit entrücken kann. Mich mitnehmen kann in ein anderes – ich weiß nicht was, es ist nicht einmal ein Seinszustand, es ist das „Nichtsein" an sich, es ist das Auflösen des Ich, es ist Eins-Sein mit allem und gleichzeitig Nichts-Sein. Es ist körperlich und gleichzeitig nicht körperlich. Es ist Ekstase, reinste Liebe, erotisch und gleichzeitig nicht mehr bezogen auf das Menschsein oder den Körper. Es ist nicht zu beschreiben. Wirklich, vielleicht haben die Sufis in ihrer Poesie dies am besten ausgedrückt.

Ich habe ein Märchen geschrieben, „Die Sehnsucht", ein Sufi-Märchen, und es handelt von Laila und Madschnun. Kennst du die Geschichte von Laila und Madschnun, der verrückt geworden ist durch seine Liebe? Es ist die Geschichte einer unerfüllten Liebe, die Geschichte der Sehnsucht, eigentlich die Geschichte der Sufis. Vielleicht haben wir einen wunderschönen Abend und es passt, dass ich sie dir vorlese.

Vielleicht ist dir das alles sehr fremd. Aber dies ist kein „morbider" Teil in mir, er hat mit unglaublicher Liebe zu tun. Manchmal spüre ich immer noch den Wind aus dem Jenseits, den Duft von Jasminblüten. Ich glaube, ich habe ihn seit meiner Geburt immer noch in der Nase und denke oft: „Na hoffentlich erledige ich diese Runde hier auf Erden einigermaßen akzeptabel und kann dann wieder zurück."

Ich habe getanzt dort drüben, Pieter, so wunderschön getanzt!

Lieber Pieter, du weißt, dass ich auch dieses Leben hier genießen kann – oh und wie ich es genießen kann, wenn ich an dich denke, meinen Kopf auf deine Brust zu legen, deinen Körper zu spüren, deine Wärme, deinen Atem, deine Lippen – ja, das ist auch Realität – und schon so bald!!! Du Lieber – ich umarme dich – ich sehne mich nach dir.

deine Karoline

ES ARBEITET IN MIR

Während dieser Zeit des Wartens gingen mir viele Sachen durch den Kopf. Ich musste an meinen Vater denken. Er war an Lungenkrebs gestorben. Auch er musste in einem Krankenhaus in einem Bett gelegen haben. Man hatte ihm die halbe Lunge entfernt. Ich erinnere mich, wie ich die riesige Narbe über seinem ganzen Brustkorb gesehen hatte. Ich war damals acht Jahre alt, und er starb sehr bald danach.

Ich stellte mir vor, dass mein Vater an Atemnot gelitten haben musste. Das war mir noch nie vorher in den Sinn gekommen. Ich kannte Atemnot, ich selber hatte seit vielen Jahren Asthma, wahrscheinlich eine Allergie, aber man konnte nie feststellen worauf.

Vor zwei Jahren las ich bei Bert Hellinger[7], dass sich meistens das jüngste Kind in einer Familie für den Tod eines Elternteiles verantwortlich fühlt. So bizarr wie es klingt, dieser

Satz hatte mich wie ein Blitz getroffen. Es stimmte, ich fühlte mich irgendwie schuldig am Tod meines Vaters. Ich dachte wieder zurück an die Zeit in Berlin, wenn meine Mutter uns als Kinder ermahnt hatte, leise zu sein, um unseren kranken Vater nicht zu stören. Wenn wir doch laut gewesen waren, plagte mich oft ein furchtbar schlechtes Gewissen. Als mein Vater dann gestorben war, hatte ich manchmal das Gefühl: Wenn ich nur braver gewesen wäre, vielleicht wäre er nicht gestorben. Jetzt sah ich mich mit meiner langen Narbe über der Brust, und plötzlich hatte ich ein ganz seltsames Gefühl: Es war so, als ob ich nun meine vermeintliche Schuld abbezahlt hatte. Ich spürte auf einmal eine unglaubliche Freiheit in meiner rechten Brust und ich atmete tief durch, so als ob ich seit Ewigkeiten nicht mehr geatmet hätte. Eine riesige, schwere Bürde fiel von meinem Rücken.

Auch meine Mutter beschäftigte mich einige Male intensiv in dieser Zeit. Sie drängte sich durch eindrückliche Traumbilder in mein Bewusstsein. Direkt nach der Operation hatte ich Folgendes von ihr geträumt: *Meine Mutter zieht ihre Bluse vor mir aus und zeigt mir ihren perfekten Busen. Dann streift sie ihren Busen ab als wäre er ein T-Shirt, und darunter erscheinen Brüste, die keine Brustwarzen haben. Dabei redet und redet sie und weiß immer alles besser. Am Ende sage ich ihr voller Verzweiflung und mit tränenüberströmten Gesicht: „Hör du mir doch endlich einmal zu."*

Als ich aufwachte, fühlte ich immer noch mein schmerzverzerrtes Gesicht. Es stimmte, meine Mutter hatte immer alles besser gewusst, sie war intelligent und überzeugend gewesen, aber sie hatte mir nie zugehört. Viele Teile von mir hatte sie nie wahrgenommen, nie verstanden, und etwas in mir war wie meine Mutter geworden. Ich wusste fast nicht mehr, was ich fühlte und was ich wollte. Ich kannte dieses „Besserwissen" meiner Mutter in mir so gut. Es tat mir weh. Nun hatte ich diesem Teil in mir einmal Einhalt geboten, und ich fühlte, wie viel Schmerz mir diese meine unsensible Seite zugefügt hatte. Der Traum gab mir einen Anstoß, nach dem Teil in mir zu suchen, dem ich „endlich einmal zuhören" wollte.

Drei Tage später hatte ich noch einmal ein starkes Traumbild von meiner Mutter, das mich wie von einem langjährigen Zwang befreite, so als ob ich einen alten Mantel ausgezogen hatte. Der Traum spielte sich folgendermaßen ab: *Meine Mutter hat meine Schwester und mich ins Kino eingeladen. Wir laufen eine Straße in London entlang. Ich kenne diese Straße und halte nach einem Restaurant Ausschau. Ich finde es, obwohl es gerade umgebaut wird. Es sieht gemütlich aus. Ich will es meiner Mutter zeigen, aber die beiden sind schon weit voraus. Ich rufe meiner Mutter etwas zu, aber sie dreht sich nicht einmal um, sondern eilt weiter und gibt mir nur zu verstehen, dass ich mich auch beeilen soll. Die beiden sind kurz davor, links um eine Straßenecke zu biegen. Ich schaue auf meine Mutter in ihrem grauen, langen Mantel, sehe ihren Rücken und denke ganz langsam und ruhig: „Da hetzt sie durchs Leben." Und ich lasse sie gehen.*

Ich wachte mit einer großen inneren Ruhe auf, als ob ich das erste Mal diese Schnelligkeit meiner Mutter begriffen hatte und nicht mehr selber in sie verfangen war. Ich war sehr erleichtert, es war nicht mehr *meine* Hetze. Von jetzt an würde ich mit viel mehr Ruhe durch mein Leben gehen können.

Neben den Träumen, neben der Vergangenheit und der Gegenwart drängte sich auch die Zukunft in mein Bewusstsein. Mir ging durch den Kopf, ob ich mich jemals wieder in die Sauna trauen würde. Dann sah ich mich in meinen ganzen engen Tangokleidern. Einen BH anziehen? Ich tat das nie, ich war viel zu bequem und empfindlich dazu, und außerdem jetzt, wo ich doch die „kosmetische Falte" verschmäht hatte! Meine Alternative schienen lockere Kleider zu sein, aber lockere Kleider und Tango passten für mich einfach nicht zusammen. Ich setzte mich noch ein paar Tage mit diesem Thema auseinander, und dann wusste ich, dass ich meine wunderschönen engen Kleider einfach weiter tragen würde. Vielleicht würde ich über die rechte Seite ein Schmuckstück hängen?

Nach zwei weiteren Tagen konnte ich es mir sogar ohne Schmuck vorstellen. Gerade an diesem Punkt meiner inneren Auseinandersetzung wurde ein riesiges Paket von meiner

Schwester für mich abgeliefert. Ich öffnete es und hob eine ungefähr fünfzig Zentimeter hohe Figur aus Holz heraus. Meine Schwester ist Bildhauerin. Ich sah sofort, dass sie mich in einem roten Tangokleid geschnitzt hatte. Es war wunderschön, ich fing an zu weinen und erst dann sah ich, dass diese Tänzerin nur eine Brust hatte. Ich war zutiefst berührt. Es war die Bestätigung von allem, was ich in den letzten Tagen und Wochen erfahren hatte. Ich wusste: „Das bin Ich".

Auch meine Kinder mussten sich an mein neues Aussehen gewöhnen. Sie waren nach der Operation da gewesen und hatten sich die Narbe angeschaut. Ich sah den Schrecken auf ihren kleinen Gesichtern. Ich erklärte ihnen, dass die Seite noch viel besser verheilen würde. Über die nächsten Wochen und Monate verfolgten sie mit großem Interesse, wie sich die Narbe veränderte und waren sehr darauf bedacht, dass sie schöner wurde. Sie waren sehr liebevoll, und ich sollte noch viele Küsschen auf meine Narbe bekommen.

ZURÜCK IN DEN ALLTAG

Insgesamt blieb ich fünfzehn Tage in der Klinik. Eine Woche nach der Operation hatte ich damit begonnen, draußen am Rhein Spaziergänge zu unternehmen, um wieder zu Kräften zu kommen. Die ersten paar Male kam ich mir dabei so vor, als würde ich nackt herumlaufen. Ich dachte, jede Person, die mir begegnete, würde meine fehlende Brust bemerken. Manchmal wäre ich am liebsten im Boden versunken, und manchmal hätte ich am liebsten eine ahnungslose Passantin angefaucht, sie sollte nur genau hinschauen, ich hätte wirklich nur noch eine Brust. Dieses Gefühl legte sich mit der Zeit, so auch die anfängliche Manie, jeder Frau auf den Busen zu schauen in der Hoffnung, einmal einer anderen Frau zu begegnen, die nur eine Brust hatte. Ich habe noch nie so viele Busen gesehen wie in dieser Zeit. Ich wunderte mich über all diese Frauen, die mit einer solchen Selbstverständlichkeit herumliefen, alle so perfekt, so symmetrisch, so wunderbar normal. Oft genoss ich es aber auch, zu mir zu stehen und nicht mehr der Norm anzugehören.

Wer bin ich?
Körper –
Tempel meiner Seele
Irgendwo unwichtig
Irgendwo wichtig.
Immer wieder suche ich
den Einklang,
mich.

Nach vierzehn Tagen in der Klinik hatte ich genug. Ich wollte nicht mehr bleiben, um auf die Befunde und die Vorschläge für die Nachbehandlung zu warten. Während der letzten Tage hatte die Ärztin mir immer wieder versichert, dass diese Unterlagen jeden Moment eintreffen würden, aber sie kamen nicht. Als mir die Fäden gezogen wurden, entschied ich mich zu gehen. Ich hatte schon seit Tagen mit meinem roten Auto geliebäugelt. Den Parkplatz der Klinik konnte ich von der kleinen Patientenküche aus sehen und ich fragte mich, ob ich wohl mit meinem operierten Arm fahren konnte? Am nächsten Morgen lud ich dann gemütlich meine Sachen ins Auto, verabschiedete mich von dem freundlichen Team der Klinik und entdeckte zu meinem größten Vergnügen, dass ich mit meinem operierten Arm ganz ordentlich fahren konnte.

Zu Hause war es mir, als wäre ich monatelang fort gewesen und von einer unendlich langen Reise zurückgekehrt. Ich war ein anderer Mensch. Auf dem Tisch im Wohnzimmer lagen die verblühten Blumen von dem Abschiedsfest für meine Brust. Ich betrachtete sie, etwas war verblüht, ein Opfer gebracht, ein Schritt getan, es stimmte so. Ich war im Frieden damit. Ich räumte meine Sachen auf und begrüßte die Dinge um mich herum. Ich war glücklich, fast erstaunt, dass ich wieder da war, dass mein Leben weiterging.

Als ich meine jüngste Tochter, Charlotte, aus dem Kindergarten abholte, stürmte sie mir entgegen und rief gleichzeitig ganz aufgeregt ihrer Kindergärtnerin zu: „Kuck mal, kuck mal, meine Mami hat nur noch eine Brust." Dabei zog sie mir meinen Pullover hoch und drehte sich stolz zu ihrer Kindergärtnerin um. Die Frau musste lachen. Ich war froh, dass meine Kinder so mit dieser Situation umgehen konnten. Mir war Offenheit lieber als verstohlene Blicke. Am liebsten hatte ich es, wenn mich Leute direkt fragen konnten, aber so etwas geschah selten. Eine solche Situation begegnete mir eigentlich nur einmal, kurz danach, im Ballett. Ich ging nach der ersten Stunde zu meiner Lehrerin und erklärte ihr, warum ich länger gefehlt hatte. Ich fragte sie auch, ob in meinen Bewegungen eine Einschränkung wahrnehmbar sei und ob meine asymmetrische Brust auffalle. Ich fand es wunderbar, dass sie mich daraufhin bat, meine Narbe sehen zu dürfen. Sie erzählte mir dabei, dass sie sich gerade wieder Sorgen gemacht hätte wegen eines Mammographie-Termins. Genau das war die Energie, die ich liebte. Offenheit, Neugierde, Hinschauen. Was mir leider viel öfter begegnete, waren Ignoranz, Furcht, Wegschauen. Ich hatte ja die Hoffnung, wenn *ich* hinsehen konnte, würden vielleicht auch andere hinsehen können. Ich wollte den ganzen Umgang mit dem Thema Brustkrebs aus dem verschwiegenen Kämmerlein herausholen, und vielleicht würde ich manchen Frauen ein bisschen von dem ersparen können, was ich selber durchgemacht hatte: den Horror vor dem Unbekannten. Ich hatte noch nie eine amputierte Brust gesehen, bevor mich meine Krebsdiagnose traf.

Der Alltag begann wieder. Alles schien noch sehr zart und neu. Ich hatte wieder meine Kinder, ich konnte mich bewegen, ich konnte jetzt alle Kraft darauf verwenden, wieder gesund zu werden. Ich rief Miguel an, und wir verabredeten uns zu einem nächsten Phototermin. Die Sonne schien, wir saßen im Garten, ich war überglücklich und ausgelassen. Oft kam ich mir so vor, als hätte ich ein zweites Leben geschenkt bekommen. Ich war dankbar. Ich erzählte von der Operation, zeigte Miguel die frische Narbe und wie ich sie massierte und behandelte, und er photographierte dabei.

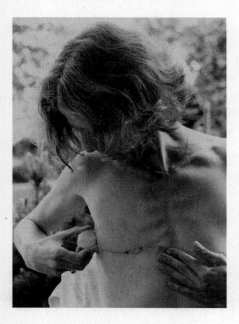

Zwiebel
für ein glattes
Verheilen der
Narbe

Ich hatte mir angewöhnt, die Narbe und vor allen Dingen das große taube Wundgebiet darum herum täglich dreimal für ungefähr zwanzig Minuten zu massieren. Dazu benutzte ich Johanniskrautöl, Olivenöl oder Weizenkeimöl. Das Weizenkeimöl roch allerdings grässlich und färbte außerdem meine ganzen Unterhemden gelb, so dass ich es bald aus meinem Sortiment herauswerfen musste. Auch benutzte ich manchmal noch Zwiebel, phantastisch für eine glatte Narbenbildung, aber leider oft eine zu große Herausforderung für meine Nase [8].

In den nächsten Tagen probierte ich alle meine Kleider wieder an und fand heraus, dass ich entweder ganz lockere, weite Oberteile tragen konnte, bei denen es kaum auffiel, dass ich nur eine Brust hatte, oder aber ganz enge Sachen. Es sah seltsam, aber nicht unästhetisch aus: apart und nicht ohne den gewissen Reiz des Ungewöhnlichen. Am Anfang nannte ich meine flache Seite liebevoll meine „Transvestitenseite". In meinem engen roten Tangokleid sah ich von rechts einfach aus wie ein Transvestit. Nur in den halbengen Sachen fühlte ich mich unwohl. Darin wirkte meine rechte Seite eingefallen. Deshalb sortierte ich diese Kleidungsstücke einfach aus und gab sie weg. Anfangs musste ich mich immer wieder daran erinnern, die Schultern nach hinten zu nehmen und den Brustkorb herauszustrecken. Oft fühlte ich mich noch unsicher mit dieser flachen Seite und zog sie dann, ohne es zu merken, nach innen. Wenn ich das Bedürfnis hatte, mich vor den Blicken anderer zu schützen, dann trug ich einfach einen schönen Seidenschal und ließ ihn über meine nicht mehr existierende Brust hängen.

    Ich wollte sofort alles ausprobieren. Ich freute mich schon riesig darauf, endlich wieder zum Tango zu gehen. Es war genau zwei Wochen nach der Operation, als ich das erste Mal wieder tanzte. Es ging! Meine Kondition war zwar noch miserabel, und ich musste immer mal wieder eine Pause einlegen, aber ich hatte nichts von meiner Bewegungsfreiheit eingebüßt, auch wenn manche Drehungen noch ungewohnt oder auch schmerzhaft waren. Ich hatte ja auch gleich wieder mit meinen Ballettstunden begonnen.

Knapp zwei Wochen nach meiner Rückkehr aus der Klinik hatte ich Geburtstag. Pieter kam aus Berlin. Ein wunderbares Geschenk. Als er aus dem Zug stieg und ich ihm über die ganze Länge des Bahnsteiges entgegenstürmte, war ich so ausgelassen und lebensfroh wie seit Jahren nicht mehr. Ich wusste, ich sah dieses Mal zehn Jahre jünger aus. Welch ein Unterschied. Ich strahlte vor Glück. Ich genoss Pieters Umarmung und hüpfte wie ein kleines Mädchen vor Freude. Das war anders als unser letztes Treffen auf Kreta. Ich war wie erlöst seitdem.

Wir fuhren zu mir nach Hause. Wie sollten wir mein Geburtstagswochenende verbringen? Ich hatte bis jetzt immer noch nichts von der Klinik gehört. Einmal hatte ich angerufen, aber die Befunde waren noch nicht eingetroffen. Wir überlegten, ob ich vor meinem Geburtstag noch einmal anrufen sollte. Ein Geburtstag mit oder ohne Gewissheit, wie es weitergehen würde? Inzwischen war nun schon so viel Zeit vergangen, dass ich irgendwie hoffte, ich bräuchte vielleicht gar keine Nachbehandlung. Wir vertagten den Anruf auf den Tag danach.

Am nächsten Morgen hatten wir uns ein gemütliches Geburtstagsfrühstück hergerichtet. Frische Brötchen, Blumen, Pieter legte ein Geschenk auf den Tisch. Es war wunderbar. Die Kinder würden am Nachmittag kommen, da es im Moment noch Wochenende und „Papa-Zeit" war. Wir genossen jede Minute dieses besonderen Tages. Dann klingelte das Telefon, es war eine Assistenzärztin von der Klinik. Ich war erstaunt. Sie entschuldigte sich, dass es über drei Wochen gedauert hätte, bis alle Befunde ausgewertet worden wären. Sie hätten jetzt die Resultate und es wäre beschlossen worden, dass für mich eine starke Chemotherapie (EC) über vier Monate mit anschließender hormoneller Therapie von Zoladex über zwei Jahre in Frage käme. Sie würde mir die Befunde zuschicken.

Als ich den Telefonhörer aus der Hand legte, brach ich das erste Mal zusammen. Das war zu viel! Diese Verordnung fühlte sich für mich wie eine Strafe an. Ich hatte die Operation so gut überstanden, ich hatte alles so gut akzeptiert, warum das jetzt noch? Warum? Ich hatte gehofft, es würde auch ohne Chemotherapie gehen. Und nun auch noch die starke! Die Vorschläge der Ärzte überforderten mich völlig, und plötzlich schien mir meine Situation ausweglos.

Danach war mein ganzer Geburtstag ein verzweifeltes Weinen. Wir gingen spazieren, und ich weinte und weinte. Ich begriff nichts mehr. Irgendwie machte alles keinen Sinn mehr. Alles in mir wehrte sich. Manchmal zitterte ich vor Angst und Verzweiflung. Ich hatte noch nie so viel geweint. Dies war mein dreiundvierzigster Geburtstag. Es war der Tag der absoluten Hoffnungslosigkeit. Ich konnte nichts mehr denken, nur immer wieder in Tränen ausbrechen.

Als die Kinder am Nachmittag kamen, ließ ich sie einen Videofilm schauen. Ich war so im Schock, dass ich nicht mehr wusste, wie ich mich ihnen gegenüber verhalten sollte. Ich hatte Angst, dass ich vor ihnen zusammenbrechen könnte. So kümmerte sich Pieter um sie, und ich ging in mein Schlafzimmer, wenn mich ein neuer Weinkrampf schüttelte. Trotzdem gingen wir am Abend in mein Lieblingsrestaurant. Ich hatte so viel geweint, dass ich keine Tränen mehr zu haben schien. Nach diesem Aufbäumen der Verzweiflung kam eine leere Ruhe über mich. Am nächsten Tag musste Pieter zurück nach Berlin. Ich bekam eine schwere Erkältung, mein Arm und mein Brustkorb schmerzten furchtbar.

DIE CHEMOTHERAPIE

Seit der Nachricht, dass ich die Chemotherapie machen sollte, hatte ich das erste Mal das Gefühl, dass ich wirklich eine Krebspatientin war. Und dann die Hormontherapie, was würde mit mir passieren? Mit meinen Gefühlen, mit meiner Weiblichkeit, mit meiner Sexualität, mit meiner Lust? Würde ich vertrocknen? Wer war ich dann, nach zwei Jahren Medikamenten, eine alte Frau, ein Neutrum? Es fühlte sich an wie ein Todesurteil.

Wieder versuchte ich zu verstehen, zu akzeptieren. Die Chemotherapie würde alles herausputzen, was an Krebszellen in mir vorhanden war. Die Hormone würden etwas beschleunigen, was sowieso auf mich zukommen würde: Meine Wechseljahre. Ich war schon immer eine Nummer schneller gewesen als andere. Schon mit sechzehn Jahren war ich von zu Hause weggegangen, mit siebzehn hatte ich mein eigenes kleines Dachzimmer sowie ein Engagement an einem Theater als Pantomimin und Puppenspielerin, und gleichzeitig ging ich noch zur Schule und machte mein Abitur. Warum sollte ich jetzt nicht mit dreiundvierzig Jahren frühzeitig in die Wechseljahre kommen? Da gab es auch das Bild von der „weisen alten Frau". Vielleicht hatte alles doch seinen Sinn. Ich schrieb einen langen Brief an Pieter:

15. 5. 99

Ach du, mein lieber, geliebter Pieter, danke, dass du mich an meinem Geburtstag durch die Hölle begleitet hast. Gerade ist die intensive Informationsphase wieder dran. Ich habe herausgefunden, wie die Chemotherapie verabreicht wird und was für andere Medikamente dazugegeben werden. Da ist einmal etwas gegen Erbrechen und dann etwas zum Schutz der Nieren- und Blasenschleimhäute, die durch das Gift angegriffen werden. Vorher bekommt man eine Infusion von 1,5 Litern Kochsalz, dann die Chemotherapie selber, dann wieder Kochsalzinfusionen. Also hänge ich von 8.00 bis 12.00 Uhr morgens am Tropf.

Viermal diese ganze Prozedur (vier „Zyklen"), dazwischen jeweils drei Wochen Abstand. Das kommt mir sehr entgegen, zieht das ganze Drama nicht so in die Länge. Haarausfall garantiert. Mittwoch habe ich einen Termin bei einem Friseur, der Perücken macht. Frage gleich, ob sie meine Haarpracht vielleicht schon vorher käuflich erwerben möchten!! „Wie profitiere ich von einer Chemotherapie!"

Du merkst, meine Lebensgeister kehren wieder. Ich sitze auf meiner Terrasse. Habe ein bisschen in meiner neuen Nacktheit in der Sonne gelegen, jetzt glüht hinten im Garten gelb der Goldregen. Ich sehne mich nach den Kindern, sie tun mir leid, ich fühle, sie leiden ein bisschen unter meiner ständigen Abwesenheit. Fräulein Margarete streicht gerade um meine Beine, ich glaube, sie vermisst die Kinder auch, die ihr öfter mal Milch geben als ich. Nachher kommt noch Carlos, den ich seit einigen Wochen äußerst vernachlässigt habe. Du hast ihn beim Tango kennen gelernt. Er ist im persönlichen Umgang ähnlich wie er tanzt, äußerst liebenswert, zurückhaltend und mit einem seltsam trockenen Humor, der dem meinen entspricht.

Gestern Abend habe ich mit Arzt-Freund Holger die großen Bücher gewälzt. Die Abfolge und Kombination von Chemotherapie und Hormonbehandlung ist wirklich das, was zur Zeit von überall als das „Erfolgversprechendste" bezeichnet wird. Weder eine Ausnahme noch eine „besonders harte Behandlung". Ich füge mich langsam. Die Chemotherapie hat auch äußerlich so etwas Brutales, dass sie einen einfach als Krebspatientin brandmarkt. Aber auch damit werde ich umzugehen wissen, und ich werde mir hemmungslos schöne Hüte kaufen!!

Sogar mit der Hormontherapie beginne ich Freundschaft zu schließen. Sozusagen ein selbstgefasster Entschluss, etwas vorzeitig zu „reifen" – ich werde nicht mehr an die möglichen Nebenwirkungen wie „Austrocknen, Bartwuchs und Verfettung" denken, sondern an die „Ruhe des Alters", an die „Ausgeglichenheit der erfahrenen Frau" und lauter solche edlen Zustände –

und ich wünsche mir, dass du mich auch mit Glatze noch als eine lustige (vielleicht manchmal auch eine traurige) Komplizin erleben kannst. Ich hab dich sehr, sehr lieb.

deine Karoline

In den nächsten Wochen schrieb ich sehr viel Tagebuch, es war eine intensive Zeit, in der ich mich mit der Nachbehandlung, der so genannten „adjuvanten Therapie" beschäftigte.

16. 5. 99

Das letzte Stückchen Schorf fällt von der Narbe ab. In der Nacht Ängste, dass der Tumor streut. Gestern hatte ich noch so viel Mut. Heute ein Gefühl als bereite ich mich darauf vor, zum Schafott zu gehen. Gleichzeitig so eine Apathie. Ich laufe wie auf einer Mauer. Auf der einen Seite ist das Leben, auf der anderen Seite ist das Sterben, und ich weiß nicht wo ich hin soll.

Komme abends vom Meditieren zurück, dreimal Bernhard (der Vater meiner Kinder) auf dem Anrufbeantworter, ich soll die Kinder holen. Dann eine Stunde Gespräch mit ihm. Wie immer, ich spüre Vorwürfe, ich habe zu viel Zeit für mich, er hat keine Zeit, ich vergnüge mich, er hat die Kinder und beschwert sich nie... Ich habe das Gefühl, ich kann nie mit einem guten Gewissen etwas für mich tun, allein sein. Ich habe das Gefühl, Bernhard und die Kinder übersteigen meine Kräfte, und ich möchte nur weggehen, und ich kann es nur, indem ich sterbe.

Dann sagt er mir am Telefon, er will am 24. Juli heiraten und danach zwei Wochen verreisen. Der 24. Juli ist genau zwei Wochen vor dem vierten Chemotherapie-Zyklus und zwei Wochen, bevor mein Alexander-Technik-Kongress anfängt. Ich alleine mit den Kindern und der ganzen Arbeit mit dem Kongress! Ich möchte einfach verschwinden, nie mehr da sein. Ich möchte nie mehr von Bernhards vorwurfsvoller Art gequält werden, nie mehr angeklagt. Ich fühle mich ausgeliefert, ich will weg.

18. 5. 99

Heute juckt meine nicht mehr existierende rechte Brustwarze. Ich will kratzen und berühre harte, taube Rippen, ohne dass sich das Jucken auch nur im Geringsten ändert. Manchmal werde ich ungeduldig. Wann kann ich mich endlich wieder bewegen, ohne dass etwas pikt, ziept oder weh tut. Es ist immer, als hätte ich einen engen Gürtel um die Brust geschnürt. Wenn ich mich täglich massiere, bekomme ich das Gefühl, dass ich etwas fühle; dabei fühle ich gar nichts! Bei der ersten Lymphdrainage mit Sally habe ich es gemerkt. Ich hatte die Augen geschlossen und sie fuhr über die Narbe. NICHTS! Ich spüre nur Druck und einen gigantischen blauen Fleck.

Heute nervt mich alles. Unten läuft der Trockner, oben die Badewanne, ich kann kein Geräusch mehr ertragen. Eigentlich habe ich viel geschafft. Ich war in der Schweiz in der Lukasklinik und werde mit der Mistel-Therapie beginnen.

19. 5. 99

„Man muss davon ausgehen, dass sich die Tumorzellen über das Blut im Körper verteilt haben", sagte gestern Dr. M., Horrorvorstellung!

Heute Klinik für Tumorbiologie. War das ein Marathon, bis ich den Termin auf die Schnelle bekommen habe. Ich muss einfach soviel Informationen wie nur möglich sammeln. Gespräch mit Frau Dr. L. ergab nichts Neues. Salbeitee zum Spülen, wenn die Mundschleimhäute kaputt gehen. Chemotherapie zerstört einfach alle sich schnellteilenden Zellen. Krebszellen sind sich schnellteilende Zellen, so aber auch Haare, Schleimhäute, Eierstöcke. Dass bei den meisten Frauen die Periode nach der Chemotherapie nicht wieder einsetzt, hat mir niemand gesagt. Automatische Beförderung in die Wechseljahre!

Die Stimmung in der Klinik ist gut, aber so viele schwerkranke Typen. Komme mir so vor, als ob ich jetzt zum „Club" dazugehöre. Werde die Chemotherapie nicht dort machen. Werde wohl ambulant zu Dr. S., dem Onkologen, gehen.

Am Nachmittag noch schnell ein Bluttest beim Hausarzt, Rezept für Iscador, die Mistel, zu Hanna in die Apotheke. Sie sagt, sie kann sich einfach nicht vorstellen, dass ich eine Chemotherapie mache. Ich will das irgendwie nicht hören, will mich nicht verunsichern lassen. Muss meine Entscheidung alleine treffen, darf mich nicht beeinflussen lassen.

Freitagabend lasse ich mir die Haare ganz kurz schneiden. Ausruhen und Visualisieren mit der Simonton-Kassette[9]. Bin oft so erschöpft. Dann kommen Ängste, dass ich nicht positiv und stark genug bin, um den Krebs abzuwehren. Was, wenn ich später doch leben will und ich habe es jetzt zugelassen, dass sich der Krebs ausbreitet.

Ich lese Simonton und arbeite mit seinem Buch. Er hat einen tollen Ansatz, sein System mit dem „Positiven Denken" und dass Krebs durch die Psyche beeinflussbar ist, aber es setzt mich ganz schön unter Druck, dass ich andauernd positiv denken muss, und das Schlimme ist, wenn ich dann negativ denke, kommt noch die Angst hinzu, dass ich mit dem negativen Denken den Krebs verschlimmere. Ich habe einfach nicht diese Klarheit von „ich will leben". Ich merke immer wieder wie ich auf dieser Mauer laufe, ich weiß wirklich nicht, will ich leben oder will ich sterben? Vielleicht soll ich mir keinen Druck machen, das jetzt zu entscheiden. Vielleicht muss ich noch eine Weile auf dieser Mauer laufen. Aber das ist schwer. Eigentlich tue ich ja mein Bestes. Ich rase herum und unterrichte mich darüber was ich machen könnte, um mit dieser Krankheit umzugehen. Im Moment scheint es die Chemotherapie zu sein.

Meine rechte „Nicht-Brust" prickelt und juckt manchmal, sicher ein gutes Zeichen (und nicht Krebs – manchmal denke ich, alles ist Krebs!), sicher wachsen die Nerven wieder. Langsam gehen die letzten kleinen Schwellungen zwischen den Rippen weg, die Narbe ist immer noch rot und teils sehr wulstig. Die Sehne unter dem Arm (oder ist es ein Nerv?) wird immer besser, spannt nicht mehr so schrecklich. Beim Rasieren unterm Arm war ich schon fast wieder sicher, nicht dieses blöde Gefühl, mir eventuell in die taube Haut zu schneiden.

20. 5. 99

Ich habe Angst. Sie sitzt mir im Nacken. Pure Angst. Weiß nicht genau wovor. Ist es die Szintigraphie heute, dass sie damit vielleicht Krebs in den Knochen feststellen könnten oder dass ich das erste Mal die Mistel selber spritze oder dass die Chemotherapie bald anfängt? Oder das Haareschneiden morgen? Eine Glatze hat etwas degradierendes, KZ-Bilder, Gefängnisinsassen. Ich fühle mich gedemütigt. Bin so nervös, zittrig, angespannt wie unter einer hohen Dosis Kaffee. Mir ist wieder so eisig kalt, ohne eine Chance, dass mir von selber warm wird. Ich nehme ein heißes Fußbad, fünf Minuten später ist alles wieder eisig.

Die Putzfrau von oben starrt mich an, als wäre ich eine Aussätzige. Hat sie von meinem Krebs gehört? In ihrem Blick ist so eine Mischung aus Neugierde und Entsetzen. So, als ob ich gleich etwas völlig Unerwartetes tun würde, tot umfalle oder mich völlig anders benehme als früher. Oder ist das alles nur meine Einbildung?

Jetzt sitze ich hier in der Radiologie und warte auf die Auswertung der Szintigraphie. Alles durchchecken gehört zum vorgeschriebenen „Gesundheitsprogramm". Metastasen in Lunge, Leber und Knochen? Die Leber geht mit Ultraschall beim Hausarzt, aber das hier ist wieder so eine Prozedur. Radioaktive Substanz gespritzt. Inzwischen denke ich, was soll's! Zwei Stunden warten und viel trinken, zumindest durfte ich dazu in ein Café gehen, dann eine halbe Stunde still unter einer Kamera liegen, die sich langsam über meinen Körper bewegt. Angenehm im Vergleich mit dem Kernspin. Ich bin so erschöpft von meiner Rennerei von einer Praxis zur anderen, dass ich fast eingeschlafen wäre bei der Szintigraphie. Natürlich hatte ich Angst, dass sie vielleicht Knochenmetastasen entdecken! Aber alles war o. k., netter Arzt, lächelte selber erleichtert und freundlich.

Jetzt war ich gerade bei dem neuen Homöopathen Dr. V. Hatte Angst, dass er etwas sagen würde, was mich in meiner Klarheit mit der Chemotherapie verwirren könnte. Ich habe ihn aber trotzdem um seine Meinung gebeten, und er hat mir gesagt, dass auch mit einer Chemotherapie eine bestimmte Anzahl von Frauen ein Rezidiv – also einen Rückfall – haben und eine bestimmte Anzahl auch ohne Chemotherapie keinen haben. Nur eine bestimmte Anzahl von Rückfällen wird durch die Chemotherapie eliminiert, aber eben nur eine bestimmte Anzahl!

Er fragte mich als Erster ganz offen, warum ich die Chemotherapie machen will. Und meine Antworten: weil ich kein Vertrauen habe, dass ich es von selbst schaffe, weil ich später keine Vorwürfe haben will von Ärzten oder Freunden. Vorwürfe, dass ich nicht alles versucht hätte.

Aber ich frage mich, wenn die Chemotherapie sowieso keine Garantie ist oder nur so eine geringe, warum soll ich sie dann machen? Ich müsste herausfinden, was das Schädigende ist und ob das Schädigende den Nutzen überwiegt. Die Schulmediziner haben ihre Statistiken, die Ärzte, die ganzheitlich arbeiten, haben andere Maßstäbe. Ich muss finden, was *meine* Heilmethode ist.

Die Chemotherapie ist so extrem, eine Holzhammermethode. Ich will eine Garantie. Bis jetzt haben mir alle immer vermittelt, dass die Chemotherapie so eine Garantie bietet. Sie wird die „additive maximale Sicherheitsschiene" genannt. Holger sagt, es ist eine Art „Schrotschuss-Therapie": Man schießt ins Dunkle und hofft, vielleicht irgend etwas zu treffen. Aber eine bessere Möglichkeit hat die Schulmedizin nicht zu bieten. Sie haut auf gut Glück oder „prophylaktisch" erstmal alles tot.

Aber ich wollte eine Garantie! Muss morgen bei meinem Termin Dr. S., den Onkologen fragen. *Liste*: Was wäre, wenn ich jetzt keine Chemotherapie machen würde:

dann hätte ich Angst vor Vorwürfen von anderen,
dann hätte ich Angst vor den Ärzten,
dann hätte ich Angst, dass ich es selber nicht schaffe,
dann hätte ich Ruhe,
dann könnte ich mich mehr und mehr erholen,
dann hätte ich Energie,
dann hätte ich Spaß,
dann hätte ich Angst.

Ich dachte, wenn ich die Chemotherapie mache, dann hätte ich danach keine Angst mehr, dass ich noch mal Krebs bekomme. Aber das ist ja völliger Quatsch! Nach dem, was Dr. V. sagt, ist das unrealistisch!

Deswegen hatte ich auch Angst, seine Meinung zu hören. Sie nimmt mir die Hoffnung, dass mit der Chemotherapie dann alles gut ist. Was für eine idiotische Hoffnung! Und warum hat bis jetzt jeder Arzt diese Hoffnung geschürt? Wie viel total enttäuschte, entmutigte Frauen muss es geben, wenn sie nach der Chemotherapie wieder ein Rezidiv bekommen!! Ich muss wirklich finden, was *ich* will. Die Angst wäre nach der Chemotherapie zurückgekommen. Irgendwie hatte ich mir mehr Garantie erhofft. Aber habe ich die Kraft, die Chemotherapie nicht zu machen? Ich hab das Gefühl, dass ich dann „gegen alle" gehe.

Spreche mit meinem ehemaligen Analytiker, er sagt mit seiner wunderbaren Klarheit: „Fragen sie doch mal nach den Prozentzahlen, da muss es doch eine klare Statistik geben." Muss Holger anrufen, Hanna, Dr. L., Dr. S., – Fragen!

21. 5. 99

Bis jetzt war es ein Kampf gegen den Krebs. Jetzt wird es ein Leben mit dem Krebs, für immer diese Narbe.

Gestern erfahre ich von Dr. M., dass die Chemotherapie meine Chancen um 15 % verbessert. Das fand ich umwerfend! Und zwar umwerfend wenig! Es bestätigt mich noch mal in meinem Zweifel, ob ich die Chemotherapie machen soll.

Heute früh Telefonat mit Dr. V., dem Homöopathen. Mehr Fragen. Er sagt, dass durch die Chemotherapie das Immunsystem kurzfristig, also fünf Monate, massiv geschädigt wird – selbiges System, was bei mir sowieso nicht mehr so gut arbeitet, sonst hätte ich ja keinen Krebs bekommen. Mittelfristig, zirka fünf Jahre, wird das Immunsystem durch die Chemotherapie deutlich geschädigt. In dieser Zeit geht auch meine Krebsabwehr dementsprechend runter. Das ist ja absurd!

Ich lese gerade das Buch von Eva-Maria Sanders, „Ich hatte Krebs und wurde geheilt"[10]. Ein Buch voll guten Mutes und so viel positiver Energie. Diese Energie von „es gibt noch Wunder" tut gut. Nur bin ich so völlig anders als sie. Ich bin nicht verzweifelt, dass ich Krebs bekommen habe, und ich kämpfe auch nicht wie eine Verrückte um mein Leben. Ich laufe auf meiner Mauer.

Der Traum mit dem Baby letzte Nacht war wunderschön, gab mir Zuversicht. Muss mehr auf mich hören!

22. 5. 99
ICH HABE DIE ENTSCHEIDUNG GETROFFEN!!

Ich mache KEINE Chemotherapie!
Ich bin so froh!
Ich bin wieder da!
Ich bin glücklich!

Jetzt kann ich diese ganze Krankheitsgeschichte erst mal wegpacken! Nur ein ganz klein bisschen Angst bleibt, aber 95 % JA!

Gespräch mit dem Onkologen Dr. S. war toll. Habe ihm gesagt, dass ich die Chemotherapie nicht machen werde. Er war einfach so sachlich. Dasselbe wie gestern. 15 % der Frauen wird durch die Chemotherapie geholfen. 20 % der Frauen in meiner Situation bekommen ein Rezidiv, das heißt mit einem pT 2 (das ist die Größe des Tumors zwischen 2 und 4 cm), keinem Lymphknotenbefall und auch keinen Metastasen in Leber, Knochen oder Lunge.

Es gibt keine Studien zum Schaden, den die Chemotherapie dem Immunsystem auf Dauer zufügt. Es gibt auch keine Forschung, die sich damit beschäftigt, ob die Chemotherapie die eigene Krebsabwehr reduziert, man kann es nur vermuten.

Dr. S. gibt mir nach unserem sehr schönen, sehr menschlichen Gespräch noch ein Buch über Brustkrebs mit, will gerne meine Meinung dazu hören, wenn ich es ausgelesen habe. Er hat nichts von der Gehetztheit der übrigen Schulmediziner, sondern gab sehr neutral Auskunft. Eigentlich hatte ich ja gedacht, dass ich die Chemotherapie bei ihm ambulant machen würde. Sah mir an, wo das gemacht wird. Ein hübsches Zimmer mit Ledersesseln, zwei ältere Männer am Tropf, trotz der Zimmerpflanzen eine erschreckende Atmosphäre in diesem Raum, nicht steril, sondern *tot*.

Dr. S. sagte noch: Die Chemotherapie verursacht einen neuen Schaden. Bei der EC (der starken Chemotherapie) kann es zu einer Herzmuskelschwächung kommen. Am Ende äußerte er sogar, dass natürlich auch manche Patienten an der Chemotherapie sterben würden. Das war Ehrlichkeit, der ich vorher noch nicht begegnet war.

Wenn ich wirklich in mich schaue, dann habe ich immer das Gefühl, sollte ich ein Rezidiv bekommen, dann bekomme ich es sowieso, ganz egal, ob mit oder ohne Chemotherapie.

AUF DEM WEG ZUR HEILUNG

Erstaunlich, fast alle, die von meiner neuen Entscheidung hörten, waren erleichtert, wenn nicht sogar begeistert. Ich hatte Warnungen, Vorwürfe, gut gemeinte Ratschläge erwartet, aber mit jedem Gespräch fühlte ich mich jetzt sicherer und aufgehobener auf meinem Weg. Am längsten schob ich das Gespräch mit meiner Klinik auf, die mir die Nachbehandlung empfohlen hatte. Als ich dann endlich hinging, sagte mir Dr. M., dass die Zeiten eigentlich vorbei seien, in denen Patientinnen zu einer Entscheidung gedrängt würden. Wenn mein Entschluss gegen die vorgeschlagene Behandlung klar sei, würden sie das selbstverständlich respektieren. Ich war sehr beeindruckt und auch sehr erleichtert. Ich mochte diese kleine Klinik und wollte wieder dort behandelt werden, sollte dazu noch einmal Anlass sein.

Mein Hausarzt hatte mich noch mehr überrascht, als er mir sagte, dass er mich in dieser Entscheidung völlig unterstützen würde. Ich merkte, dass niemand es gewagt hatte, sich gegen die Chemotherapie auszusprechen, aber in dem Moment, in dem ich sie abgelehnt hatte, zeigte sich, dass auch fast niemand *für* diese Therapie gewesen war. Ich schrieb in mein Tagebuch: „Der Kampf ist vorbei." Diese neue Entscheidung gab mich wieder frei, alle Möglichkeiten schienen offen vor mir zu liegen.

Da waren die Kinder, da war der große, internationale Alexander-Technik-Kongress, den ich seit mehreren Jahren mit drei Kollegen zusammen vorbereitet hatte, da waren meine Schüler, und dann gab es da noch das verlockendes Angebot, eine große Tango-Nacht zu moderieren. Und trotzdem war mir klar, dass ich nicht einfach so in mein altes Leben wieder einsteigen würde.

Ich hatte die Operation gut überstanden, meine Narbe verheilte schnell, ich war glücklich mit meiner Entscheidung, keine Chemotherapie zu machen, aber trotzdem kam ich körperlich und psychisch oft an Punkte völliger Erschöpfung. Manchmal wusste ich einfach nicht mehr weiter.

In den nächsten Monaten beobachtete ich, dass ich wie ein Jojo zwischen Angst und Zuversicht auf und ab schnellte. Wenn ich überfordert war, hatte ich sofort wieder Phantasien, dass ich noch einmal Krebs bekäme. Die deutlichste Überforderung im Alltag spürte ich, wenn ich den Energien der Kinder nicht mehr gewachsen war. In allen anderen Situationen hatte ich gelernt, mich herauszunehmen, bevor es zu spät war. Ich konnte Unterrichtsstunden absagen, auch wenn das finanzielle Verluste bedeutete und ich mir unzuverlässig vorkam. Ich konnte Verabredungen verschieben oder die Wohnung unaufgeräumt lassen, aber wenn mich die Kinder überforderten, wusste ich einfach nicht, wie ich das ändern konnte. Ich war oft so überanstrengt, dass ich vor Müdigkeit weinte. Außerdem wurde ich andauernd krank. Ich war mein Leben lang aktiv gewesen. Das ewige Kranksein war furchtbar. Manchmal schien es allerdings die einzige Möglichkeit zu sein, mit den Kindern ruhige Momente zu genießen. Wenn die Kinder zu mir ins Bett kletterten und ich meine Narbe massierte, zogen sich die beiden ihre Hemden aus und begannen ihre kleinen Brüstchen auch mit Öl einzureiben und erzählten mir lange Geschichten, wie gut das täte, und dass sie dann später keine Knoten bekämen. Ein anderes Mal sagte mir Charlotte mit ihrer ganzen Liebe: „Mami, wenn ich groß bin, will ich auch mal so eine Narbe haben wie du." Tanjas Lehrerin zeigte mir ein Bild aus der Schule zum Thema: „Was wünsche ich mir?" Tanja hatte mich mit einer Brust und einem Strich für die Narbe gemalt und darunter geschrieben: „Meine Mami wünscht sich, dass sie keinen Brustkrebs hat."

Aber es gab eben die vielen Momente, in denen ich mit meinen Nerven so am Ende war, dass ich manchmal Angst vor den Kindern hatte. Angst, sie könnten mich so überfordern, dass ich deswegen wieder Krebs bekäme. Das Schlimmste war, dass ich dann anfing, ihnen die Schuld für meinen Krebs zu geben. Wenn ich an diesem Punkt angelangt war, fühlte ich mich *so* elend, dass ich dachte, es wäre sowieso besser, ich würde sterben, weil ich eine so furchtbar schlechte Mutter war.

Ich brauchte Hilfe. Während meiner Ehe hatte ich mit einem Analytiker gearbeitet. Ich liebte C. G. Jung und hatte davon geträumt, selbst diese Ausbildung zu machen. Nun schien es an der Zeit zu sein, noch einmal therapeutisch zu arbeiten. Ein grundlegender Schritt auf meinem Heilungsweg war es, die „heile" Beziehung zu den Kindern wieder herzustellen. So ging ich auf die Suche nach einer Jungschen Analytikerin. Ich wusste, ich wollte diesmal mit einer Frau arbeiten. Ich vereinbarte mit verschiedenen Therapeutinnen einen Termin, bis ich die richtige fand.

In der nun folgenden Zeit waren es zwei Erkenntnisse, die mir halfen, aus meiner Sackgasse mit den Kindern herauszukommen: In dem Umgang mit meinen Töchtern merkte ich, dass es mir Angst machte, ihnen einen Wunsch abzuschlagen. Ich konnte es nicht ertragen, dass sie böse auf mich waren, weil ich dann das Gefühl hatte, dass sie mich nicht mehr lieben würden. Ich versuchte deshalb, alle ihre Wünsche und Bedürfnisse zu erfüllen, was aber oft einfach nicht möglich war. Das brachte mich an meinen zweiten Punkt der Erkenntnis: Ich hatte eigentlich den Wunsch gehabt, dass wir drei in unserem Zusammenleben „gleichberechtigt" wären. Meine Töchter sollten nicht, wie es mir in meiner Kindheit passiert war, von einer „autoritären Mutter" überfahren werden. Plötzlich merkte ich aber, dass ich dadurch meine Kinder wie Erwachsene behandelte, was sie überforderte. Ich musste lernen, den Mut aufzubringen, zu meinen Entscheidungen als Mutter zu stehen, auch wenn meine Kinder mich deswegen vielleicht gerade für einen Moment nicht ausstehen konnten. Ich realisierte, dass mein Selbstwertgefühl so gering war, dass ich meinte, einen solchen Moment nicht zu überstehen. Das war eine erschütternde Erkenntnis.

Ich hatte selber nie gelernt, mit Ärger umzugehen. Meine Eltern schienen sich nie gestritten zu haben, und wenn meine Mutter ärgerlich auf mich gewesen war, dann hatte sie sich stundenlang, ja manchmal tagelang, in eisiges Schweigen gehüllt. In diesem Schweigen drückte sie dann ihre ganze Verachtung für mein Verhalten aus. Ich existierte nicht mehr, und es stürzte mich in eine fürchterliche Einsamkeit. Ich wollte meine Kinder nie mit diesem eisigen Schweigen zurechtweisen, aber ich konnte meinen Ärger auch auf keine *andere* Weise ausdrücken. Dabei merkte ich im Umgang mit den Kindern, wie nötig es war, mich manchmal zu ärgern. Ärger war ja nichts anderes als ein Zeichen, dass irgendetwas nicht stimmte und einer Veränderung bedurfte.

Langsam lernte ich, freundlich und bestimmt „nein" zu sagen. Ich konnte dadurch auch endlich meinen Kindern ihren eigenen Ärger oder ihre Wut lassen. Vielleicht bekamen sie gerade kein zweites Eis oder durften nicht bis zehn Uhr aufbleiben. Sie durften sich jetzt darüber aufregen, und ihr Ärger zog mir nun nicht gleich den Boden des Selbstwertgefühls unter den Füßen weg. Meistens verging ihre Wut dadurch auch genau so schnell, wie sie gekommen war.

Mir kam oft das Bild von einer Hierarchie, die wieder richtig gestellt worden war. Etwas in unserem Verhältnis entspannte sich. Die Kinder sagten mir zwar, dass ich strenger geworden sei, aber sie machten dabei ganz freundliche Gesichter. Es war keineswegs ein Vorwurf.

Natürlich passierte diese Entwicklung nicht über Nacht und ich hatte öfter noch Rückfälle, aber unser Zusammenleben veränderte sich, und ich begann, meine Kinder auf eine viel ruhigere Weise zu lieben.

BILDER SPRECHEN

Zarte süße Quelle
meiner Sinne
weiche Münder
meiner Kinder
saugten an dir
innig verbunden
im nährenden Strom unsrer Liebe.
Und berauschend,
wundersame Quelle des Entzückens
vereintest du
den Geliebten mit mir.

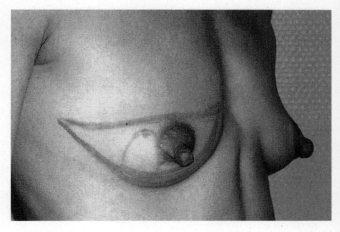

Gezeichnete –
vom Leben
von der Angst
von der Trauer
von der Hand des Chirurgen.

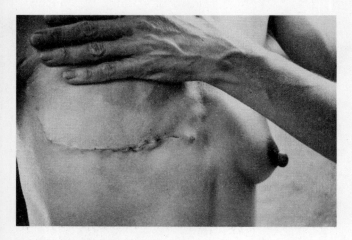

Ich schritt durch das Tor
der Gewalt
und fand ein verletztes Wesen,
voller Sehnsucht
nach Liebe und Zärtlichkeit.

Zwei Wochen nach der Operation

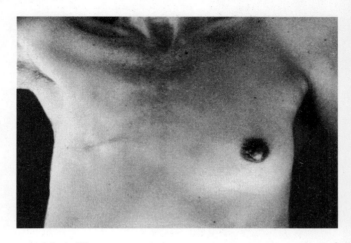

Fremd und leer
verheilt
und doch nie mehr heil
vertraut
und doch nie gewohnt.

Trauer und Liebe
immer wieder neu
immer wieder ich.

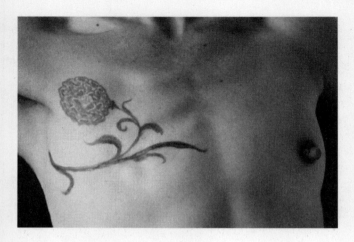

Leere
gefüllt
mit dem schönsten
Schmuck der Natur.
So
wirst du manchmal
erlöst.

TRÄUME

Ein Traum, ganz am Anfang meiner Therapie, hatte mich tief erschüttert und mir auch den neuen Weg zu den Kindern gezeigt. Träume spielen in meinem Leben schon seit langer Zeit eine Rolle. Mit sechzehn Jahren war ich als Austauschschülerin ein Jahr in Kalifornien zur Schule gegangen. Dort konnte man das Fach „Psychologie" wählen, und uns wurde gezeigt, wie man ein Traumtagebuch führt. Seit dieser Zeit also hatte ich es mir angewöhnt, meine Träume aufzuschreiben und war später durch die Beschäftigung mit C. G. Jung[11] sehr vertraut mit der Materie geworden.

Träume sind für mich eine Form der Kommunikation, die ganz eigene und wunderbare Sprache meiner Seele, die mir verschlüsselt in Symbolen und bizarren Bildern mitteilt, was mir in meinem Leben noch unbewusst ist und was ich mir vielleicht nie eingestehen würde. Ich habe schon immer Respekt vor diesen Bildern gehabt. Ihre Sprache zu lernen, ist für mich zu einem wunderbaren Weg geworden, das Leben voller und bewusster zu leben.

Es gibt verschiedene Arten von Träumen. Die auffälligsten sind die großen Träume, die mich tief beeindrucken, die mich vielleicht einen ganzen Tag, eine ganze Woche nicht loslassen. Ähnlich und noch intensiver sind die „Erfahrungen", bei denen die Traumqualität der Realität so nahe ist, dass ich das Gefühl habe, ich habe nicht nur geträumt, sondern im Moment des Traumes eine Erfahrung gemacht. Es sind die wenigen Träume, an die ich mich mein ganzes Leben erinnern kann.

Neben den „psychologischen" Träumen, in denen der ganze Kleinkram des Alltags verarbeitet zu werden scheint, gibt es die intensiveren, die ich meine „Arbeitsträume" nenne. Sie gleichen einem dicken Brocken, den mein Unterbewusstsein mir hinwirft. An so einem Brocken kann ich manchmal wochenlang kauen, bis ich ihn bewältigt habe. Andere Träume sind die sich wiederholenden Träume. Ich habe einen solchen sicher seit zwanzig Jahren, in dem ich immer wieder das Abitur machen soll, obwohl mir dann einfällt, dass ich ja schon mein Universitätsstudium hinter mir habe. Der Traum gibt mir jedes Mal Aufschluss darüber, wo ich in meiner Entwicklung gerade bin. Kleine Details darin verändern sich. Mir wird zum Beispiel in jeder Wiederholung ein bisschen schneller bewusst, dass ich das Abitur ja schon bestanden habe. Vor kurzem träumte ich: *Ich habe mein Abitur gemacht und ein Ritual vollführt, das nach der Reifeprüfung kommt. Ich muss verbotenerweise in eine Toilette einbrechen. Es gelingt mir trotz Kameraüberwachung und Schreckschusspistole. Nicht, weil ich besonders clever bin bei meinem Einbruch, sondern weil mir die Kameras und die Pistole einfach egal sind.* Der Traum machte mir eine innere Wandlung bewusst.

Wenn ich mit einem Traum arbeite, kann ich ihn entweder mit meinem Verstand analysieren, indem ich Bilder oder Symbole interpretiere, oder ich kann mich um ihn herumschleichen wie eine Katze um den heißen Brei. Ich lasse ihn dann innerlich immer wieder an mir vorüberziehen. Ich fühle ihn und versuche, ihn sozusagen mit dem nicht analysierenden Teil von mir zu erfassen.

Der Traum, der mich wachrüttelte und mir half, meine Situation mit den Kindern zu verändern, kam ganz am Anfang meiner Analyse. Es war ein intensiver Arbeitstraum: *Ich bin zum Tode verurteilt worden, weil ich etwas gestohlen habe. Es war eine Kleinigkeit, an die ich mich nicht einmal erinnern kann. Mir scheint die Strafe furchtbar hart. Das Todesurteil soll in fünf oder sechs Wochen durch einen Kopfschuss vollstreckt werden.*

Ich bin mit meinen Kindern zusammen und empfinde einen unglaublichen Schmerz darüber, dass ich sie verlassen werde. Gleichzeitig denke ich, dass es eine große Erleichterung ist, die Stunde meines Todes schon zu kennen und nicht im Ungewissen warten zu müssen, wie es bei Krebs der Fall ist.

Ich weine wegen der Kinder und sage zu ihnen: „Ich werde das ganze Jahr nach meinem Tod bei euch sein." Ich stelle mir dabei vor, dass ich sie wie ein Schutzengel begleiten werde. Ich frage mich aber auch, ob das nicht vielleicht sehr anstrengend sein wird, so wie bei den

Engeln in Wim Wenders Film „Der Himmel über Berlin". Ich hoffe, dass es mir überhaupt erlaubt wird.

Dieser Traum zeigte mir viel. Das Eindrücklichste in ihm, was mich noch für lange Zeit begleitete, war mein unglaublicher Schmerz über den Verlust meiner Kinder. Dieses Gefühl hatte mich bis dahin noch nie so überwältigt. Es war durch den Schock und meine völlige Erschöpfung verdrängt worden. Der Schmerz führte mich wieder zu der Liebe zu meinen Kindern zurück. Der ganze Traum half mir, mich langsam für das Leben zu entscheiden, bis ich nicht mehr auf meiner Mauer zwischen „Leben und Sterben" laufen musste.

Eine ganz andere Art von Traum hatte ich drei Wochen vor der Krebsdiagnose. Dieser Traum besaß eine zukunftsweisende Qualität, es war ein „großer Traum". Seine Intensität begleitete mich innerlich noch für eine lange Zeit. Seine Bilder waren archetypisch. Er bekam erst nach der Diagnose Sinn: *Ich sehe vor mir eine wunderschöne weite Landschaft. In der Ferne ist ein mittelalterlicher Zug von Leuten, darunter eine verschleierte Dame auf einem Pferd. Sie erinnert mich an eine Nonne oder an eines der Burgfräulein, denen die Minnesänger ihre Lieder darbrachten.*

Ich komme in eine Kirche. Über dem Altar ist ein großes Fresko, ein Wandgemälde aus dem 15. Jahrhundert. Es ist eine Darstellung von Christus, der mit ausgebreiteten Armen vor einem leuchtend blauen Hintergrund steht. Irgendeine Botschaft im unteren Teil des Bildes stimmt nicht mehr. Ich halte mich lange in dieser Kirche auf. Bernhard und die Kinder sind auch da, aber ich sehe sie nicht, und es spielt auch keine Rolle.

Plötzlich wird Jesus auf dem Gemälde lebendig, ein wunderschöner, unglaublich sanfter Mensch. Er ist riesig und gleichzeitig von normaler Größe. Er sagt, es gibt ein Papier oben an dem Gemälde über dem Altar, darauf stünde die richtige Botschaft. Dann erhebt er sich wie in einem Wunder und schwebt vor der Altarwand hoch bis zum oberen rechten Rand des Bildes. Dort findet er den Zettel. Ich halte ihn in meiner Hand. Es stehen vier Worte darauf, an die ich mich nicht mehr erinnern kann.

Als Jesus wieder herunter schwebt, liege ich nackt auf dem Altar in einem Sarg, der mit weißer Seide ausgekleidet ist. Jesus ist über mir und legt sich unglaublich sanft und zärtlich auf mich, so dass sein Kopf in meinem Schoß liegt. Die Liebe und Sanftmut, die von ihm ausstrahlen, nehmen mir fast den Atem. Ich bin eingehüllt in die reinste Liebe und gleichzeitig umgibt mich zärtlichste Erotik. Jesus beginnt meinen Schoß zu küssen, und ich wache auf.

Dieser Traum begleitete mich noch lange. Besonders in der Zeit kurz nach der Diagnose. Er hatte mir gesagt, dass etwas sterben würde, aber auch, dass es eine „neue Botschaft" gab, und er hatte mir das Gefühl gegeben, dass ich irgendwo vollkommen aufgehoben war. Ich konnte diese unsagbare Liebe noch lange in mir fühlen, und der Traum half mir, wenn mich das Dunkel und die Schwere meiner Situation zu erdrücken drohten.

Für mich sind Träume immer waghalsige Bilder aus mir selbst, sie nehmen kein Blatt vor den Mund, sie sind kreativ, phantastisch und ungestüm, und ich werde sie nie kontrollieren können. Wenn ich nicht vor ihnen zurückschrecke, sondern sie als einen Teil von mir annehme, können sie meine Seele öffnen.

DIE SUCHE NACH WEITEREN BEHANDLUNGSMÖGLICHKEITEN

Ich wurde immer wieder gefragt, was ich denn nun für eine Behandlung machen würde, nachdem ich die Chemotherapie abgelehnt hatte. Die Frage warf noch andere Fragen in mir auf: Was hatte ich denn nun eigentlich? War ich immer noch krank? Das brachte mich wieder zurück zum Tag meiner Diagnose. Bis zu diesem gynäkologischen Termin hatte ich mich nicht krank gefühlt. Erst durch die Operation war es mir körperlich das erste Mal wirklich schlecht gegangen, und auch psychisch hatte ich seitdem oft gelitten. Aber wo stand ich jetzt?

Niemand konnte mir sagen, ob ich nun Krebszellen in meinem Körper hatte oder nicht. Festzustellen wäre erst wieder etwas, wenn der Krebs neu ausbrach, und Tumore sind erst ab einer gewissen Größe erkennbar. Entweder war es dann ein „Rezidiv", also noch einmal ein Brustkrebs, oder „Metastasen", was Krebs in einem anderen Organ wie z. B. der Lunge, der Leber oder den Knochen bedeutete.

Was tat ich also, um einem weiteren Krebs vorzubeugen? Ich ernährte mich immer noch sehr bewusst, neben meinem frisch gepressten Karottensaft aß ich täglich Salate und achtete beim Kochen darauf, dass ich viel Tofu oder Soja verwendete. Dazu nahm ich meine Multivitamine sowie Selen und Zink. Ich spritzte dreimal die Woche ein Mistelpräparat. Mistel regt das Immunsystem an und stärkt so die Krebsabwehr. Das Spritzen war nicht so fürchterlich, wie ich mir das am Anfang vorgestellt hatte: Die Haut von der Bauchdecke ein bisschen hochziehen, die Hemmung überwinden und einmal mit Schwung zustechen (die Nadel ist sehr dünn) und eine kleine Menge Flüssigkeit unter die Haut spritzen. Daneben machte ich einmal die Woche noch meinen Kaffee-Einlauf.

Mit dem Homöopathen hatte ich ein neues Mittel herausgefunden, durch das ich ruhiger zu werden schien. Auch meine Nerven wurden wieder belastbarer. Mit einem befreundeten Arzt, der nach der Japanischen Medizin arbeitete, machte ich einen Tausch: Ich gab ihm Tango-Stunden mit Alexander-Technik und bekam dafür Behandlungen von ihm. Diese Behandlungen hatten immer eine sehr ausgleichende Wirkung auf mich.

Einmal die Woche ging ich zu meiner Physiotherapeutin Sally für eine Lymphdrainage. Sally massierte dabei meinen Arm und den Brustbereich. Die Massage regt den Abfluss der Lymphflüssigkeit an, der durch das Entfernen der Lymphknoten unter der Achsel nicht mehr unbedingt gewährleistet ist. Es tat gut, massiert zu werden, und gleichzeitig konnte mir Sally auch wunderbar zuhören, und wir redeten viel. Das Heilende an ihr war, dass sie mich in fast jeder Situation wieder zum Lachen bringen konnte. Wir hatten einen ähnlich schwarzen Humor. Wenn ich in einer meiner „Habe-ich-jetzt-etwa-doch-wieder-Krebs-Paniken?" war, konnte sie mich kichernd fragen: „Na, hast du dir die letzen zwei Tage schon wieder den Kopf darüber zerbrochen, welchen Sarg du nehmen sollst? Wird es nun der aus Eiche oder der aus Buche?" Dann konnte ich wieder lachen, es half!

Daneben war ich immer noch auf der Suche nach einem Arzt oder einer Ärztin, die Krebs ohne Angst behandeln konnte. Einmal, in einem Gespräch mit einem Arzt, spürte ich wieder meine Panik, und daraufhin fragte er mich: „Sterben Sie denn jetzt im Moment?" Diese Frage brachte mich abrupt in die Gegenwart zurück und zeigte mir, wie mich die „Angst vor dem Krebs" immer wieder einholte und meine Phantasien nährte. Wenn ich ehrlich hinsah, waren im Moment die Phantasien das Schrecklichste in meinem Leben, nicht die Realität. Um diese Phantasien zu beruhigen, hörte ich oft die Kassette von Simonton: „Eine Anleitung zur Aktivierung der Selbstheilungskräfte..."[(9)]. Ich änderte dabei das etwas aggressive und „kriegerische" Vokabular der Visualisierungen in „friedvollere"; für mich genauso wirksame Bilder um und konnte mich mit der Kassette sehr gut entspannen. Ich hatte dann das Gefühl, dass ich meine Angst in etwas Positives umwandelte.

Wie direkt meine Angst auch von den Ärzten selbst genährt worden war, merkte ich an einem Satz, der mich immer wieder heimsuchte. Dr. M. hatte ihn mir unbewusst mit auf den Weg gegeben, indem er mir sagte: „Man muss davon ausgehen, dass sich die Tumorzellen über das Blut im Körper verteilt haben." Es war eine Art „negativer Leitsatz" geworden. Eine Freundin berichtete mir von *ihrem* negativen Leitsatz, er lautete: „Sie tragen da eine Zeitbombe in sich..." All das waren Vermutungen der Ärzte, die nichts anderes bewirkten, als Angst zu erzeugen.

Meine Suche nach Behandlungsmöglichkeiten ging weiter. Ich bekam immer wieder neue Informationen über Ärzte,

Kliniken, Heilmethoden, Kuren, Arzneien und Wunderkräuter bis hin zu den ausgefallensten Therapien, immer mit der Hoffnung, das Beste zu entdecken oder die richtige Lösung zu finden. Eines Abends kam es innerlich dabei für mich zu einem Wendepunkt. Ich hatte sozusagen eine „Überdosis an guten Ratschlägen" bekommen. Das relativierte alle Ratschläge. Ich merkte, jede Person hatte irgendwo „den besten Arzt", „die beste Heilmethode" oder den „besten Ratschlag". Die Ärzte wurden immer unerreichbarer, die Heilmethoden immer außergewöhnlicher und unbezahlbarer und meine gesetzliche Krankenkasse war durch das schulmedizinisch ausgerichtete Gesundheitswesen an Chemotherapie, Bestrahlung und Hormonbehandlungen gebunden. Der allgemeine „Krebsterror" um mich herum suchte Lösungen durch immer raffiniertere Mittel. Aber mir schien, die eigentliche Lösung lag in mir selber. Ich hatte viele Informationen gesammelt. Wenn es mir nun gelang, gleichzeitig auch innerlich Frieden mit meiner Situation zu schließen, dann würde ich wissen, welche Behandlungsmethoden für mich im Moment die richtigen waren.

Das erste, was mir dazu einfiel, klang so banal, dass ich mich fast scheute, es mir überhaupt einzugestehen: Ich brauchte Erholung. Aber ich wollte auf keinen Fall eine Kur machen. Nicht gleich noch einmal in eine Klinik, mit neuen Ärzten in weißen Kitteln, Ärzten, die meinten, immer alles wissen zu müssen und mir nur allzu oft dabei ihre eigenen Ängste vor Krebs widerspiegelten. Auch der Gedanke, ich würde vielleicht mit einem Ess- und Schlafrhythmus konfrontiert werden, der mir völlig gegen den Strich ging, schreckte mich ab. Vielleicht musste ich mir ja dann auch die Leidensgeschichten und Ängste von anderen Patienten anhören – ich wollte das nicht.

Wenn ich ganz ehrlich war, wäre ich unheimlich gerne alleine ans Meer gefahren, ich wollte am Strand sitzen, mich ausruhen und die Ewigkeit spüren. Sally erzählte ich diese Wunschträume während einer unserer unterhaltsamen Lymphdrainagen. Sie bestärkte mich sofort in diesem Vorhaben und meinte, ich sollte nicht nur zwei, sondern gleich drei Wochen weggehen. Aber ich stand mir selber im Wege, ich hatte doch gerade erst eine vierzehntägige Auszeit in der Klinik gehabt und davor einen Urlaub ohne Kinder auf Kreta, wie konnte ich gleich noch einmal wegfahren? Ich wollte Tanja und Charlotte nicht schon wieder alleine lassen, und außerdem fiel es mir immer schwer, meinen Ex-Mann um irgendetwas zu bitten. Ich zögerte so lange, bis eine Situation zu Hause mich wieder an die Grenzen meiner Kräfte brachte und mich einfach zwang, um einen Urlaub zu bitten.

Es geschah, als eines der Kinder mit der Nachricht nach Hause kam, dass sie Nissen im Haar hätte. Vor dieser Situation hatte ich mich schon lange gefürchtet. Läuse waren einige Male im Kindergarten aufgetreten, aber wir waren bis jetzt davon verschont geblieben. Der Ekel packte mich. Ich rannte in die Apotheke, kaufte „Läuse-Shampoo", wusch uns dreien die Haare und verbrachte vierundzwanzig Stunden damit, die ganze Wohnung zu putzen, alle Betten und Bezüge zu waschen und den Rest der Sachen, die nicht waschbar waren, in Plastiktüten im Keller zu lagern. Es juckte mich überall. Nach diesem „Läuse-Marathon" war ich so erledigt, dass ich Bernhard direkt um drei Wochen Urlaub bat. Ich bekam sie. Im Nachhinein sah ich wieder mein fatales Muster: immer erst dann um Unterstützung bitten zu können, wenn es schon fast zu spät war.

Bei meinen Meereswünschen hatte ich schon an Marlena von der Kreta-Reise gedacht, sie wohnte auf Lesbos. Ich rief sie an. Sie vermittelte mir sofort eine Wohnung. Es war beschlossene Sache. Am 23. Juni würde ich fliegen. Aber bevor ich diese Reise antreten konnte, musste ich mich noch einem weiteren beschwerlicheren Thema stellen: Die Hormontherapie! Mein Tumor war hormon-positiv gewesen: Für meine Art von Krebs waren Östrogene ein Nährboden. Mir waren die Mittel Zoladex und Tamoxifen vorgeschlagen worden. Zoladex beeinflusst die Hypophyse im Gehirn und unterdrückt damit die Aktivität der Eierstöcke, das heißt, sie produzieren kein Östrogen mehr. Ein radikaler Sprung in die Wechseljahre!

Zoladex wird als „Implantat" verabreicht, das klang furchterregend, aber ich fand heraus, dass es lediglich eine Art kleine, lange Pille ist, die mit einer etwas dickeren Nadel einmal im Monat unter die Bauchhaut gespritzt wird und die sich dann über vier Wochen langsam auflöst. Hanna aus der Apotheke druckte mir lange Informationen zu den beiden Mitteln aus: die üblichen, möglichen Nebenwirkungen wie Verlust der Libido, trockene Scheide, Haarausfall, Gewichtszunahme, Schlafstörungen und Osteoporose (dem Brüchigwerden der Knochen). „Bartwuchs" erwähnte niemand, das war meine persönliche Phantasie. Ob die Hypophyse noch andere Funktionen hatte, konnte mir niemand ganz genau beantworten.

Der Gedanke, ständig irgendeine Chemikalie im Körper zu haben, war mir zuwider. Als ich verschiedene Ärzte fragte, wurden mir auch verschiedene Zeitspannen genannt: von zwei bis zu fünf Jahren. Danach sollte ich noch für einige Jahre Tamoxifen nehmen. Tamoxifen hemmt nicht die Östrogenproduktion im Körper, sondern verhindert die Wirkung von Östrogen an den Zellen. Wie es das tut, konnte mir niemand erklären. Es wird allerdings meistens erst nach den Wechseljahren empfohlen. In seltenen Fällen kann es Gebärmutterkrebs erzeugen. Eine positive Nebenwirkung dagegen scheint zu sein, dass es der Osteoporose entgegenwirkt.

Osteoporose wurde mir immer wieder drohend vor Augen geführt. Weil ich sehr feingliedrig gebaut bin, wäre ich besonders gefährdet. Nun erkundigte ich mich näher: Östrogen bewirkt also nicht nur, dass Eizellen reifen oder dass die Schleimhaut der Gebärmutter sich verdickt und fruchtbar wird und dass die Innenwände der Scheide gut durchblutet und feucht bleiben, sondern es scheint auch einen Einfluss auf den Knochenaufbau zu haben. Ohne Östrogen können die Knochen schneller anfangen, porös und brüchig zu werden. Ich begegnete der Unmenge von Medikamenten für Frauen in den Wechseljahren und bekam dabei den Eindruck, dass die Wechseljahre etwas ziemlich Gefährliches, Gesundheitsschädigendes oder Leidenverursachendes waren. Etwas, das jede von uns so lange wie möglich vermeiden musste.

Das ärgerte mich. Für mich war diese Zeit im Leben einer Frau etwas Natürliches. Idiotisch, sie einfach nicht zulassen zu wollen. Ein Bekannter von mir meinte, dass das ganze Aufhebens um die Osteoporose eine Modeerscheinung aus den USA sei, eine wissenschaftliche Begründung, um den Medikamenten-Boom mit Östrogenen zu unterstützen. Den Frauen wurde damit gleichzeitig die „ewige Jugend" verkauft.

Komisch, ich finde ältere Frauen sehr attraktiv. Als ich jünger war, hatte ich mir immer vorgestellt, ich wollte mal eine „tolle alte Frau" werden. Deswegen war es mir auch nie in den Sinn gekommen, meine silbergrauen Haare zu färben. Frauen, die zu ihrem Alter stehen und eine lebendige Ausstrahlung haben, finde ich wunderbar. Folglich überlegte ich mir das mit der Hormontherapie: In die Wechseljahre würde ich ja sowieso irgendwann kommen. Kinder wollte ich keine mehr. Osteoporose? Knochenbrüche im Alter waren eher die Folge davon, dass ältere Menschen unsicher in ihren Bewegungen wurden und leichter stürzten. Ich dachte mir, dass ich vielleicht durch die Alexander-Technik einen Vorteil hatte, denn ich war ausgebildet, mit meinem Körper bewusst und harmonisch umzugehen. Warum also nicht in den sauren Apfel beißen und in die Wechseljahre hineinspringen? Woher wusste ich eigentlich, dass dieser Apfel so sauer war? Vielleicht hatten die Wechseljahre ja auch ihre positiven Seiten? Später las ich das wunderbar witzige Buch von Julia Onken, das meine eigenen Erfahrungen nur bestätigte [12].

Nur mit dem Zoladex konnte ich mich nicht anfreunden. Als Alternative gab es noch die Möglichkeit, mir die Eierstöcke herausnehmen zu lassen; das war natürlich eine radikalere Lösung. Ein paar Tage vor meiner Abreise ging ich einen Kompromiss ein und entschied mich, die Wechseljahre für drei Monate mit Zoladex „auszuprobieren". Danach würde ich mich dann immer noch endgültig entscheiden können.

DAS ABENTEUER MIT DER BRUSTPROTHESE

Ein paar Tage vor der Abreise nach Lesbos hatte ich einen Termin in einem Sanitätshaus vereinbart. Ich war einfach neugierig. Mir war in der Klinik gesagt worden, dass die Krankenkasse eine Brustprothese bezahlen würde. Ich wollte wissen, wie so etwas aussah und funktionierte.

Eine zuvorkommende Dame bediente mich. Ich wusste wirklich nicht, was da auf mich zukommen würde. Zuerst ging es um die Frage, was für einen BH ich trage. Ich trug natürlich keinen, konnte mich nur auf zwei kleine BHs berufen, die seit ewigen Zeiten in meiner Kommode lagen. Ich erinnerte mich, dass es schon damals eine Kunst gewesen war, einen BH für mich zu finden, weil mir alle zu groß waren. Auch die nette Dame aus dem Sanitätshaus stieß auf dasselbe Problem. Sie kannte sich wirklich aus, wir suchten und probierten, schließlich musste sie eine extra kleine Größe nachbestellen.

Die Prothese selbst war ein erstaunliches glattes Stück rosa Kunststoff, das sich wirklich anfühlte, wie das Gewebe einer wunderbar weichen Brust. Das Überraschende war, dass sogar das Gewicht mit dem meiner eigenen Brust übereinstimmte. In meiner Vorstellung hatte ich an ein leichtes Stück Schaumstoff oder an Watte gedacht. Das hier hingegen waren neueste Errungenschaften auf dem Gebiet der Kunststoffherstellung. Für eine Frau mit einem größeren Busen war dies wirklich eine phantastische Möglichkeit, ihre Brust fast perfekt zu ersetzen.

Dann kam mein nächstes Problem: Meine verbliebene Brustwarze war zu groß! Auch hier passte ich nicht in die Prothesennorm. Ich war mir meiner „Außergewöhnlichkeit" sehr bewusst. Sogar im neuen Club der Prothesenträgerinnen würde ich etwas besonderes sein!! Eine „extrastarke Mammille", wie sich die Dame ausdrückte, müsste nachbestellt werden. Eventuell würden wir vielleicht sogar zwei Mammillen übereinander legen müssen oder meine eigene ein bisschen abdecken. Sie war mit äußerstem Ernst bei der Sache. Ich musste aufpassen, dass ich nicht plötzlich aus der Rolle fiel und anfing zu lachen, denn ich kam mir vor wie in einem Woody Allen-Film: „Auf der Suche nach der neuen Brust."

Als ich eine Woche später zur zweiten Anprobe kam – der extra kleine BH war eingetroffen – mussten wir feststellen, dass auch dieser BH und die kleinste Prothese immer noch größer und wohlgeformter waren als meine eigene linke Brust. Es gab nur eins: meiner linken Brust musste mit Hilfe einer weiteren „Protheseneinlage" nachgeholfen werden. Die Dame schloss und öffnete BHs, füllte Prothesen in dafür eingenähte Innentaschen und verschob die erstaunlichen Kunststoffobjekte von unten nach oben, bis sie endlich zufrieden schien. Sie arbeitete mit Hingabe.

Dann stellte sie sich plötzlich hinter mich, schob ihre Arme unter meinen Achseln hindurch und ergriff, links und rechts, die halbechte und die unechte Brust, um sie sanft zu drücken. Dazu erklärte sie mir beruhigend, dass man nur so wirklich fühlen könnte, ob die Brüste gleich groß seien. Ich war köstlich amüsiert und glaubte ihr aufs Wort, hätte den Test am liebsten selber gemacht und stellte mir schon meinen neuen Liebhaber vor, wie er zärtlich verliebt meine Prothesen drücken würde.

Erst dann wurde ich mit zwei sinnlichen Spitzen-BHs und einem kleinen Prothesenköfferchen in der Hand entlassen. Ich wusste, ich trug beneidenswerte Brüste in diesem Köfferchen, aber würde ich sie jemals selber anlegen? Es ging mir völlig gegen den Strich, vor allen Dingen, da ja die meisten Leute wahrscheinlich schon gemerkt hatten, dass ich inzwischen nur noch eine Brust hatte. Auch wenn der Verlust bei mir längst nicht so auffällig war wie bei einer Frau mit großen Brüsten.

Würde ich mich jemals trauen, mit einer falschen Brust herumzulaufen? Ich hatte das Gefühl, dass ich alle Blicke auf mich ziehen würde. Meine Freunde würden Phantasien haben, wie denn so eine Prothese aussieht. Welches war das kleinere Übel: nur eine Brust zu haben oder eine Prothese zu tragen? Ich kannte meine Bequemlichkeit. Seit fünfundzwanzig Jahren besaß ich zwei BHs, die ich nie anzog. Damals war die Vorstellung, einen BH zu tragen, mir so sinnlich und erotisch vorgekommen, aber dann lagen sie in meiner Schublade, weil der Gummizug drückte. Das Schicksal meiner neuen Brüste war klar: langes Lagern in der Kommode.

Mein Brustbild

Ich versuche mich zu lösen
aus den Idealen
aus den Vergleichen
aus den Bewertungen.

Und mich zu finden
mich anzunehmen
und mich zu lieben.

NEUE ASPEKTE

Ich war wirklich auf meiner griechischen Insel! Mein Urlaub alleine! Es war wie ein Traum nach den letzten zwei Monaten. Ich hatte ein Haus mit einem kleinen Garten davor und einen Schreibtisch mit Blick aufs Meer.

Ich beobachtete meine Reaktionen auf das Zoladex. Mein Schlafrhythmus war wirklich gestört, eine der normalen Nebenwirkungen, ein Zeichen für die Überfunktion der Hypophyse. Zum Glück war ich allein. Zwischen 2.00 und 5.00 Uhr morgens lag ich plötzlich hellwach in meinem Bett. Nach ein paar erfolglosen Versuchen, weiter zu schlafen, gewöhnte ich mir an, einfach aufzustehen und zu lesen. Nach dem Frühstück wurde ich dann oft todmüde und schlief manchmal noch eine Runde in den Vormittag hinein. Es war wunderbar, dass ich alleine war und dem allem einfach nachgeben konnte. Später in Freiburg pendelte sich dieser Zustand langsam wieder ein, obwohl ich für einige Monate vormittags noch manchmal so müde war, dass es schmerzte.

Ja, es stimmte, meine „Libido" sank fast auf Null, und von Erotik war nichts zu mehr zu spüren. Kein Pan erschien im Olivenhain, und Sappho verführte mich lediglich zum Schreiben. Aber zu meinem Erstaunen empfand ich das als sehr angenehm. Endlich plagte mich nicht mehr die Sehnsucht nach einer Beziehung, nach körperlicher Nähe. Meine Bedürftigkeit war verschwunden. Ich war alleine und war glücklich dabei. Mit den Jahren bestätigte sich dieses Gefühl noch mehr, und ich merkte, wie wunderbar es war, das ewige Auf und Ab meiner Menstruationszyklen hinter mir gelassen zu haben. Ich erinnere mich, wie ich Monate später einmal an einem lauen Sommerabend durch Freiburg lief, um mich herum überall händchenhaltende junge Paare, und ich plötzlich realisierte, wie viele dieser Liebesdramen, Sehnsüchte und Gefühle das Resultat von Hormonen waren. Es war äußerst komisch und relativierte die „Romantik" um einiges!

Da mein Körper nun nicht mehr mit der biologischen Kreativität der Fortpflanzung beschäftigt war, schien mir mehr Energie für meine geistige Kreativität zur Verfügung zu stehen. Ich fing an, viel zu schreiben, ich hatte Ideen für eine Ausstellung und ein Tango-Projekt und begann mit einer Freundin aus einem meiner Märchen ein Hörspiel zu entwickeln. Rückblickend sehe ich, dass ich in dieser Zeit viele neue Kontakte knüpfte. Ich lebte jetzt in einer ruhigeren inneren Welt und konnte mich auf ganz andere Dinge konzentrieren als früher. Auch brauchte ich nicht mehr so unbedingt ein Gegenüber, um mir meine innere Welt widerzuspiegeln. Manchmal erinnerte mich dieses Gefühl an einen dicken lachenden Buddha. Kurz zusammengefasst: Ich fand meine Wechseljahre ziemlich gut.

Eine andere Nebenwirkung dieses Östrogenentzuges machte sich anscheinend in meinem Gedächtnis bemerkbar: Es wurde furchtbar schlecht! Ich brauchte eine hohe Dosis Humor, um damit umzugehen. Nicht nur im Haushalt stand ich später oft verzweifelt herum, gerade im Begriff, irgendetwas zu tun, was ich aber leider im selben Moment wieder vergessen hatte. Auch in meinem Bekanntenkreis entfielen mir plötzlich Namen oder ich konnte Gesichter nicht mehr zuordnen. Oft wusste ich nicht, wer die Leute in meinem Telefonbüchlein waren. Auch meine Kinder musste ich erst davon überzeugen, dass es kein böser Wille war, wenn ich ihnen beim Finden ihrer Sachen nicht mehr helfen konnte. Am Anfang glaubten sie es mir einfach nicht. Ich erinnere mich daran, wie oft ich mich früher ärgerte, wenn zum Beispiel mal wieder alle geblümten Kinderunterhosen in „gesammelten Wochenenden" beim Papa gelandet waren und wir in unserem Haushalt keine mehr hatten. Inzwischen wusste ich gar nicht mehr, dass wir überhaupt geblümte Unterhosen besaßen, aber die Kinder merkten dafür, dass sie sich selber um ihre Sachen kümmern mussten. Wenn ich mich nicht gegen diesen neuen Zustand wehrte, sondern ihn einfach akzeptierte, musste ich zugeben, dass mein Leben dadurch viel friedlicher geworden war. Irgendwie hatte ich weniger im Kopf, ein innerer Frieden entstand durch diese Leere. Eigentlich lebte ich dadurch mehr im „Hier und Jetzt". Genau das, was die meisten Meditations-Techniken immer anpriesen. Ich konnte auf den Moment reagieren, weil ich nicht an das, was gestern war, dachte – ich hatte es meist schon längst wieder vergessen, und „Morgen" war mir viel zu kompliziert, weil ich ja erst einmal mit dem Jetzt zurechtkommen musste.

Eigentlich war ich froh um die Dinge, die ich nicht mehr alle im Kopf hatte und sagte mir immer, wenn etwas wirklich unheimlich wichtig war, würde es mir schon wieder einfallen oder jemand würde mich daran erinnern. Ich wurde dadurch auch meinen Mitmenschen gegenüber wesentlich toleranter, vor allen Dingen den Vergesslichen und Unzuverlässigen darunter. Früher hatte ich wenig Geduld mit ihnen gehabt und gedacht, es sei ein Zeichen mentaler Faulheit. Nun reihte ich mich demütig unter diejenigen ein, die sich oft für vergessene Dinge entschuldigen mussten. Was muss ich früher manchmal für eine Plage gewesen sein mit meinem guten Gedächtnis!

Auf Lesbos genoss ich jede Minute, ich lebte in den Tag hinein. Ich träumte davon, alle Zelte in Deutschland abzubrechen und auf die Insel zu ziehen. Ich hatte alles, was ich brauchte, nur die Kinder fehlten. Jeden Tag schrieb ich ihnen. Sie besaßen am Ende eine ganze Postkartensammlung von Katzen, Hunden, Eseln und Ziegen aus Griechenland, zu denen ich auf der Rückseite immer kleine Geschichten erfunden hatte. Ich plante meinen nächsten Besuch auf Lesbos mit den Kindern zusammen.

Es war seltsam, in vieler Hinsicht hatte der Krebs mir einen Freibrief gegeben. Das Bewusstsein, dass mein Leben eventuell sehr begrenzt war, bedrückte mich nicht. Ganz im Gegenteil, es gab mir gerade eine Freude und Leichtigkeit, die ich nie wieder verlieren wollte. Ich genoss das Grün der Blätter, den Geschmack einer frischen Frucht, das Meer, die Luft und ganz besonders auch meinen Körper. Mir wurde oft bewusst, wie wunderbar es war, keine Schmerzen zu haben. Früher hatte ich das immer erst dann gefühlt, wenn mir etwas weh tat – sozusagen als die Erinnerung an einen Zustand, den ich in dem Moment herbeisehnte. Jetzt konnte ich in einem Moment meinen ganzen Körper spüren und genießen, wie jede Zelle sich an ihrem Platz wohl fühlte und mir gerade keine von ihnen irgendein Leiden bereitete. Ich lernte zu schätzen, wie glücklich ich war mit meinen zwei Kindern, meiner Freiheit, meiner schönen Wohnung in Freiburg, dem Essen, das ich mit so einer Selbstverständlichkeit jeden Tag zu mir nahm. Jeder Augenblick wurde kostbar. Nie wieder wollte ich in die Normalität, die Gewohnheit, die Dumpfheit verfallen, in der alles so selbstverständlich war. Ich begann, meine Ängste vor dem Krebs schätzen zu lernen. Wenn sie sich meldeten, wurden sie oft zu meiner Erinnerung an den „Freibrief".

Auch mein Umgang mit den Finanzen veränderte sich. Ich wurde großzügiger. Warum sollte ich für eine Zukunft sparen, die es vielleicht gar nicht gab? Durch den Krebs fühlte ich mich frei, zu tun, was ich wirklich wollte. Ich wurde dadurch nicht plötzlich unvernünftig oder veränderte meine Persönlichkeit und verfiel dem Luxus, aber ich gönnte mir Sachen, bei denen ich sonst immer „später" gesagt hatte. Ein wunderbares Beispiel war die Frau, die mir jetzt in Freiburg einmal die Woche beim Putzen half. Es war eine große Erleichterung für mich und eigentlich kein „übermäßiger Luxus".

Und wenn die Ängste wieder kamen, die Phantasien? Ich sagte mir, dass das Leiden überall existiert und dass es auch mich irgendwann einmal betreffen konnte. Aber was nützte es, wenn ich versuchte, es vorher „hypothetisch" in Gedanken zu bewältigen, ich würde es weder dadurch abwenden noch es ändern können. Niemand kannte das eigene Schicksal im Voraus.

TANGO ARGENTINO

Nach meinem erholsamen Urlaub auf Lesbos begann ich, mich mit dem Thema Krebs auf eine neue Art zu beschäftigen. Mein Blick, der vorher nur auf mich gerichtet war, ging jetzt hinaus zu den anderen. Ich sah ein Video über sieben Frauen und ihre Erfahrungen mit Krebs. Der Film mit dem Titel „Lebenskünstlerinnen" war in Freiburg gedreht worden[13]. Ich war begeistert und rief die beiden Filmemacherinnen an. Ich wollte selber irgendwie aktiv werden und kam in Kontakt mit verschiedenen Frauen. Als Resultat davon wurde ich von der Zeitschrift „Der Stern" gefragt, ob ich mich an einem Artikel über „Frauen mit Brustkrebs" beteiligen wollte[14]. Sie suchten fünfzig Frauen, die sich in der Öffentlichkeit dazu bekannten, Brustkrebs zu haben. Die Idee basierte auf einem früheren Artikel, in dem fünfzig Frauen bekannten, dass sie schon einmal abgetrieben hatten. Diese Veröffentlichung brach damals ein Tabu. Der Öffentlichkeit ein Thema bewusst zu machen, das immer noch größtenteils totgeschwiegen wurde, war mir ein Anliegen.

Ein weiterer Kontakt entstand zum Frauenmuseum in Bonn. Sie organisierten gerade eine große Ausstellung mit dem Titel „Brust, Lust, Frust". Zum Abschluss gab es eine Benefiznacht mit Auftritten von Frauen und einer großen Versteigerung. Ich wollte mich sehr gerne beteiligen. Irgendwie wünschte ich mir, die Freude an meinem Körper weiterzugeben. Der Tango schien mir dabei das Naheliegendste. Ich tanzte zwar erst seit drei Jahren, aber mit einer solchen Leidenschaft und Intensität, dass ich mir dachte, es könnte gut genug sein für einen Auftritt. Bei unserem großen Alexander-Kongress hatte ich mit meiner Kollegin Ilga ganz spontan eine kleine Performance gegeben, und Bühnenerfahrung hatte ich noch von meiner Zeit am Theater. Also bot ich an, im Frauenmuseum zu tanzen und so entstand meine erste Tango-Performance.

Tango

Im Tango
bin ich
die Nähe
die Sinnlichkeit
das Gefühl
die Musik
der Tanz

Seit einiger Zeit schon hatte es mich fasziniert, dass meine rechte Seite irgendwie nicht mehr nackt war. Ich entblößte keine Brust, wenn ich sie zeigte. Ich begann über die Idee mit der Blumentätowierung nachzudenken. Ich pauste den Schwung meiner Narbe von meinem Körper ab und benutzte ihn als Basis für eine Ranke. Jetzt kam mir sogar mein Kunstgeschichte-Studium zugute, denn ich hatte eine Doktorarbeit über „Die Ornamentik in der Renaissance" geschrieben. Diese Arbeit war nie fertig geworden, aber bei meinen Blumententwürfen musste ich oft an sie denken. Besonders liebte ich die Arabesken aus der orientalischen Kunst. Am Ende, nachdem ich auch die Kinder zu Rate gezogen hatte, wählte ich von meinen verschiedenen Ideen die einfachste aus. Dann entwarf ich mein Tangokleid. Es wurde ein enges, rotes Samtkleid, schräg geschnitten, von der linken Schulter bis zur rechten Hüfte frei, so dass es meine brustlose Seite mit der Blume zeigte.

Ilga hatte sich bereit erklärt, meine Tanzpartnerin zu sein. Da alle Auftritte nur von Frauen gestaltet wurden, wollte ich lieber nicht mit einem Mann tanzen. Wir wählten drei wunderschöne, von Frauen gesungene Tangos aus. Ich freute mich unglaublich auf diesen Auftritt. Für den ersten Teil der Vorstellung trug ich noch ein halb durchsichtiges, schwarzes Bolero über meinem roten Kleid, das auch meine rechte Seite mit der aufgemalten Blume bedeckte. Ich begann mit ein paar einführenden Worten: „Für mich ist Tango Argentino Musik und Tango Argentino ist Tanz. Er ist Ausdruck für die Sehnsucht nach dem Vergangenen, nach dem Unerreichbaren, nach der Liebe. Der Tango fasziniert mich, betört mich, verleiht meinem Suchen eine Ausdrucksmöglichkeit. Tango ist ein Sich-Finden in der Musik, in der Bewegung, in der Nähe.

Tango ist eine getanzte Umarmung.
Tango ist Sehnsucht und Erfüllung.
Tango ist Leidenschaft und Ästhetik.
Tango ist die erlöste Einsamkeit im Moment des Tanzes.
Im Tango drücke ich die Liebe zu meinem Körper aus."

Die Benefiznacht war zu Gunsten des Vereins „Frauen gegen Brustkrebs" veranstaltet worden. Bei dem Titel des Vereins wehrte sich alles in mir. Er klang für mich so, als wären diese Frauen gegen sich selber, und so schrieb ich mein Gedicht „Ich tanze".

„ICH TANZE"

Ich liebe meinen Körper
in der Bewegung
in der Musik
in der Umarmung des Tanzes.

Er ist schön
er ist einzigartig
er ist anders.
Ich tanze mit der Angst und mit der Freude,
ich tanze mit dem Leben,
ich tanze mit dem Tod,
ich tanze meinen Tanz.

Der Brustkrebs gehört zu mir,
er ist ein Ausdruck meiner selbst,
er ist meine Chance neu zu leben
    und auch zu sterben.
Er zeigt mir einen Weg
    zu meinem Selbst.

Wie könnte ich gegen ihn sein?

Als die Musik begann, ging ich langsam an der ersten Reihe des Publikums entlang, schaute mir jedes Gesicht genau an und ließ dabei den Bolero von meinen Schultern gleiten, um ihn der letzten Frau in den Schoß fallen zu lassen. Dort wartete Ilga auf mich, und ich forderte sie zu unserem ersten Tanz auf.

Am Anfang war ich nervös. Wir tanzten auf einem Estrich-Boden anstatt auf glattem Parkett. Alle Drehungen und gleitenden Schritte waren schwierig. Als ich diesen technischen Kompromiss vergessen konnte und mit meinem ganzen Bewusstsein beim Tango ankam, konnte ich das Tanzen wirklich genießen. Es war ein ganz besonderer Moment, denn durch mein Kleid, die gemalte Blume und den Tango wurde meine amputierte Brust für mich das erste Mal zu etwas sehr Schönem. Sie schreckte mich nicht ab, und sie schreckte die Zuschauerinnen und Zuschauer nicht ab. Sie war faszinierend geworden. Sie war ästhetisch geworden. Ich war glücklich. Glücklich mit meinem Brustkrebs! Nach dem letzten Tango spürte ich, dass ich das Publikum berührt hatte.

Dieser Abend war sozusagen mein erstes „Outing". Ich stand zu mir und meinem Aussehen. Ich fühlte mich wunderschön in meinem Kleid, und die rote Blume leuchtete wie ein freudestrahlendes „Ja" auf meiner Brust. Gleichzeitig war es auch ein seltsamer Abend, denn ich hatte das Gefühl, die einzige Frau mit Brustkrebs zu sein, während sich alle anderen versteckten. Ich merkte, wie viel Mut es von den Zuschauerinnen und Besuchern erforderte, auf mich zuzugehen. Wir saßen noch bis in die frühen Morgenstunden im Museum und unterhielten uns, aber viele Leute sagten lieber zu Ilga, wie beeindruckt sie waren, als dass sie zu mir kamen. Mein Mut war nur der erste Schritt, den nächsten mussten die anderen tun.

Nach dieser wunderbaren Vorstellung wollte ich ein Projekt starten, ich hatte es innerlich schon „MammaTango" getauft: Ich wollte für Frauen mit Brustkrebs tanzen. Aber es entstand noch eine Pause von anderthalb Jahren, in der ich keinen Auftritt hatte. Es brauchte noch einen gewaltigen Schock und ein paar besondere „Zufälle", bis ich „MammaTango" wirklich aus der Wiege heben konnte.

SCHULD UND URSACHE

Kurz nach meiner Diagnose hatte ein befreundeter Therapeut zu mir gesagte, ich müsse nun wohl in meinem Unbewussten danach forschen, was zu dieser Krankheit geführt haben könnte. Seine Reaktion schockierte mich. Sie klang in meinen Ohren wie eine Schuldzuweisung.

Auch hatten mich Leute manchmal vermeintlich mitfühlend gefragt, welchen Grund es denn in meinem Leben gäbe, dass sich solch eine Krankheit bei mir manifestierte, oder ob ich wüsste, welchen „Knoten" ich noch zu lösen hätte. Das verletzte mich. Es war außerdem überheblich. Wie konnte irgend jemand so eine Frage beantworten? Und sie schnitt mich von der Person mir gegenüber ab. Aber sogar ich selber hatte mir ganz am Anfang diese Frage gestellt: Was habe ich „falsch" gemacht?

Aus demselben Grund war es mir anfangs manchmal schwer gefallen zu sagen, dass ich Krebs habe. Ich hatte Angst vor dem unausgesprochenen Vorwurf: „Was hat sie wohl falsch gemacht, um solch eine schreckliche Krankheit zu bekommen?" Manchmal musste ich an einen Bekannten von mir denken, dessen kleines Baby an Krebs gestorben war. Wie unsinnig war es, nach „Schuld" zu suchen oder zu meinen, dass alle Probleme ausschließlich in der Psyche des Menschen verwurzelt waren. Noch eine schlimmere Variante war die, dass Krebs eine „Strafe Gottes" ist. Auch diesen Gedanken hatte ich schon selber gehabt[15].

Ich änderte für mich das Wort „Schuld" bald in „Ursache" um. Das Verrückte war: Es gab nichts Verführerischeres, als eine Ursache für den Krebs zu finden, denn das bedeutete ja, dass ich dann wusste, wie ich ihn vermeiden konnte. Außerdem basierten auf dieser Vorstellung ja die meisten der alternativen Heilmethoden! Und natürlich wollte ich einen Grund für meinen Krebs finden! Am Anfang ging ich immer wieder alle Möglichkeiten durch. An meiner Ernährung konnte es eigentlich nicht liegen, außerdem rauchte ich nicht, konsumierte kaum Alkohol, war sportlich und hatte meine beiden Kinder lange gestillt. Ich war auch nicht übergewichtig. Statistisch gesehen einfach kein typischer Fall. Es gab nicht einmal Brustkrebs in meiner Familie.

Etwas beschäftigte mich oft: Seit den Geburten meiner beiden Töchter hatte sich mein Hormonhaushalt völlig verändert. Mein Leben lang waren meine Zyklen unregelmäßig gewesen, manchmal waren sie zwei bis drei Monate lang. Seit den Schwangerschaften allerdings hatte ich plötzlich meine Menstruation alle achtundzwanzig Tage. Ich kam mir dabei vor wie in einer wilden Hormonmühle. Ich war es einfach nicht gewohnt, so häufig meine Tage zu bekommen, und sehnte mich nach den gemütlichen Zyklen mit den langen Pausen. Mein Tumor war östrogen-positiv gewesen – konnte dieser veränderte Hormonhaushalt etwas damit zu tun haben?

Vielleicht hatten ja auch äußere Einflüsse negativ auf meinen Körper eingewirkt? Seit sechs Jahre wohnte ich in der Nähe eines Elektrizitätswerkes, sollte das ein Grund gewesen sein? Aber alle anderen, die dort schon viel länger wohnten als wir, schienen keinen Krebs zu haben. Da ich nun sowieso schon seit einiger Zeit umziehen wollte, suchte ich eine neue Wohnung und fand dabei sogar meine Traumwohnung: Altbau, Stadtnähe, Garten, Balkon! Ich ließ sie von einem Profi auf Wasseradern, Verwerfungen und ungesunde Strahlungen untersuchen: keine Probleme.

Ich fragte mich, was es mit den so genannten „karzinogenen" Substanzen auf sich hatte? Hohe Dosen von radioaktiven Strahlen erzeugten Krebs, niemand bezweifelte das. Aber warum starben nicht alle starken Raucher an Lungenkrebs, und warum starben viele Nichtraucher daran? Vielleicht spielte es ja auch eine Rolle, dass mein Vater und wahrscheinlich auch meine Mutter Krebs hatten? Kausalität besänftigt den analytischen Verstand! Einen Grund haben und dann entspannen! Meine Eltern? Das E-Werk? Wer konnte mir das sagen? Ich forschte weiter und nahm mein ganzes Leben unter die Lupe.

Wenn ich auf die letzten Jahre zurückblickte, gab es natürlich viele extrem belastende Situationen. Ich erinnerte mich an die Zeit, als die Kinder mit zwei und drei Keuchhusten hatten. Unser erster Winter alleine. Wochenlang schlief ich kaum, weil ich bei meinen hustenden und sich erbrechenden Kindern saß. Danach bekam ich eine Lungenentzündung. Im folgenden Jahr hatten wir alle drei Scharlach gehabt. Eigentlich war ich jedes Jahr gesundheitlich einmal völlig zusammengebrochen, aber passierte das nicht vielen Müttern in meiner Situation? Und verursachte das gleich Krebs? Eigentlich schien mir das unwahrscheinlich.

Manchmal schien es Erklärungen für den Krebs zu geben und andere Male blieb er ein Rätsel. Auf der einen Seite war es wichtig, nach Ursachen zu suchen, denn es half mir, mein Leben positiv zu verändern, und auf der anderen Seite spürte ich darin auch die Gefahr, dass die Suche in Vorwürfen darüber enden konnte, was ich vielleicht alles „falsch" gemacht hatte. Ich sagte mir: Ich habe mein Leben so gelebt, wie ich es eben gelebt habe. Eine Garantie für die Zukunft werde ich nie haben, und jetzt geht es um die „Qualität" meines Lebens und nicht um die „Quantität". Es gab so viele verschiedene Theorien, zum Teil auch völlig widersprüchliche. Ich musste immer wieder neu entscheiden, welche Theorie für mich stimmte und welche nicht[16]. Wenn Simonton in seinem Buch[9] von der „Krebspersönlichkeit" sprach, traf diese sicher auch auf mich zu. Er meint Leute, die es immer allen recht machen wollen, seien besonders gefährdet. Aber gab es nicht auch „zu nette Leute", die deswegen nicht gleich Krebs bekamen? Und natürlich, ich hatte ja inzwischen begonnen, öfter „Nein" zu sagen.

Eine Therapeutin sagte mir einmal: „Krebs ist etwas völlig Willkürliches, er schlägt zu, wo er will, es gibt keinen Grund." Das hatte mich in einen Zwiespalt gebracht. Es hatte mich auf der einen Seite beängstigt und auf der anderen Seite beruhigt, denn es bedeutete zum einen, dass ich völlig machtlos war und nichts ändern konnte, und zum anderen nahm es mir den Druck, irgendetwas ändern zu müssen. Etwas, das ich vielleicht nicht herausfinden würde oder das ich vielleicht nicht ändern konnte. Ich forschte weiter, vielleicht würde ich ja doch in meiner Psyche eine überzeugende Ursache finden: Das Scheitern meiner sehr kurzen Ehe war für mich eine große Enttäuschung gewesen, und ich war sicher länger in der Beziehung geblieben, als mir gut tat. Das wurde mir erst später klar. Ich hatte während der letzten beiden Jahre meiner Ehe nämlich unter extremem Durchfall gelitten, für den die Ärzte auch während eines längeren Klinikaufenthaltes und vieler Tests keinen Grund finden konnten. Nach der Trennung hörte er einfach von alleine auf. Im Nachhinein kam es mir so vor, als ob ich auf der körperlichen Ebene losgelassen hatte, weil ich auf einer seelischen Ebene dazu noch nicht im Stande war. Auch sah ich daran, wie heftig sich meine Psyche durch meinen Körper ausdrücken konnte. Aber in der Scheidung konnte ich eigentlich keinen Grund für meinen Krebs sehen. Mir ging es danach seelisch sehr viel besser als vorher.

In diese Zeit fiel auch der Tod meiner Mutter, den ich als sehr stimmig und friedlich erlebt hatte. Natürlich hatte ich nun beide Eltern verloren, war selber zur „Ältesten Generation" geworden. Aber dieses „Verlassen-Werden" war nicht traumatisch, es kam nicht unzeitgemäß. Dadurch lastete jetzt auch eine gewisse Verantwortung nicht mehr auf mir. Die Auflösung ihrer großen Wohnung war anstrengend gewesen, aber auch das kam für mich als Krebsauslöser nicht in Frage.

Es wäre so schön gewesen, eine Ursache zu finden, aber ich fragte mich, hätte ich denn danach auch ganz sicher etwas verändern können? Da gab es eine Geschichte in meiner Vergangenheit, die ich in der Zeit kurz nach der Operation manchmal mit dem Krebs in Verbindung gebracht hatte. Der Gedanke war so schrecklich, dass ich ihn mir selbst fast nicht eingestehen wollte. Er kam aus meiner strengen Erziehung und flüsterte mir brutal ins Ohr: Der Krebs ist eine Strafe für deine Sexualität! Es hing ganz konkret mit einer Begebenheit aus meiner Schulzeit zusammen. Mit fünfzehn Jahren hatte ich mich unsterblich in den Leiter meiner kirchlichen Jugendgruppe verliebt. Wir hatten eine Affäre. Meine Mutter kam dahinter und war natürlich furchtbar schockiert. Sie war zutiefst erschüttert, dass ihre Tochter, eine „Professorentochter aus gutem Hause", mit einem Mann ins Bett gegangen war. Sie ließ mich ihr ganzes Entsetzen über mein Verhalten spüren. Es war eine furchtbar erniedrigende Situation für mich. Damals hatte ich noch sehr kleine Brüste, und im Laufe der nächsten Jahre sagte mir meine Mutter noch öfter in ihrem Ärger, dass meine Brüste nicht wachsen würden, weil ich zu früh begonnen hatte, meine Sexualität zu leben. Lange glaubte ich ihr. Ich hatte meine Sexualität seit der Pubertät als eine unglaublich starke Kraft in mir gespürt und sehr unter ihr gelitten, weil ich sie nicht ohne schlechtes Gewissen ausdrücken konnte. Nun, nach der Operation, sagte die Stimme einer grausamen inneren Mutter in mir: „Du weißt, warum dir eine Brust abgeschnitten worden ist." Erst als ich es wagte, diesen fürchterlichen und mir äußerst unangenehmen Gedanken einer Freundin zu erzählen, verlor er seine Macht.

Ich beleuchtete die Frage nach der möglichen „Ursache" für den Krebs von allen Seiten. War Krebs vielleicht das Resultat von mehreren kleinen Faktoren, die zusammentrafen und durch einen unglücklichen Zufall in einem bestimmten Moment zum Auslöser wurden? Es gab noch eine Geschichte in meinem Leben, die mich sehr beschäftigte und bei der ich noch keine innere Klarheit hatte. Es war die Geschichte mit meinem „griechischen Gott". Irgendwo, tief in meinem Inneren, hatte ich sie noch nicht verkraftet, und ich wartete immer noch auf ihn.

MEIN „GRIECHISCHER GOTT"

Ein halbes Jahr bevor ich den Krebs entdeckte, hatten wir uns das letzte Mal gesehen. Seitdem wir nicht mehr zusammen waren, beschäftigte mich die Beziehung ununterbrochen. Ich konnte einfach an nichts anderes denken. Es war eine Zeit der nicht enden wollenden Sehnsucht und Verzweiflung. Erst die Krebsdiagnose riss mich aus diesem inneren Bann heraus.

Mit dem Ende unserer Beziehung war ich auch an einem Ende in mir selbst angelangt. Ich hatte das Gefühl, dass ich in meinem Leben nie wieder eine Liebesbeziehung eingehen wollte, denn mehr Erfüllung als in dieser würde ich nirgendwo finden. Das Leben mit ihm schien immer aufregend, verführerisch und berauschend gewesen zu sein. Es hatte Momente gegeben, in denen ich so erfüllt war von Glück, dass ich mir wünschte zu sterben, um nie wieder den nächsten Augenblick erleben zu müssen. Gleichzeitig erlebte ich aber auch unglaublichen Schmerz, denn er hatte mich verlassen, nicht nur einmal, sondern viele Male. Dieser Schmerz war oft so unerträglich gewesen, dass ich dachte, ich würde daran zu Grunde gehen.

Mit diesem Mann verband mich eine eigenartige Geschichte. Die ersten drei Monate unseres Zusammensein hatte er fast ausschließlich bei mir gewohnt. Jeden Morgen, wenn er die Wohnung verließ, um zur Arbeit zu fahren, erlebte ich jedoch ein seltsames inneres Schauspiel: Mich überkam das schreckliche Gefühl, dass ich ihn vielleicht nie wieder sehen würde. Ich konnte diese innere Regung nicht einordnen. Solche Ängste hatte ich noch nie vorher in meinem Leben gespürt. Eines Morgens, als er wieder gegangen war, überkam mich dieses Gefühl mit einer solchen Heftigkeit, dass ich kaum noch wusste, wie ich mich auf den Füßen halten sollte. Es war purer Schmerz. Am Mittag war ich so verzweifelt, dass ich mich in meiner Not auf mein Bett legte, um zu meditieren. Ich bat innerlich um Hilfe, diesen Schmerz bewältigen zu können. Als ich still wurde, sah ich mich plötzlich ganz unerwartet in einem anderen Leben. Ich war eine Indianerin. Es war eine andere Zeit. Ich sah die Steppe und die Zelte. Ich lebte in einem dieser Zelte mit meinem Mann zusammen. Es war Morgen, und wie an fast jedem Morgen war mein Mann fortgegangen in die Prärie. Aber nach diesem Mal kehrte er nie wieder zurück. Niemand im Stamm wusste, was mit ihm geschehen war, es wurde nie ein Zeichen von ihm gefunden. Er war verschwunden.

Dieser Mann aus der „Rückerinnerung" schien derselbe zu sein, der jetzt wieder bei mir war. Und nun sah ich ihn in meiner Wohnung, wie er an meinem Esstisch saß und ich mich darüber amüsierte, dass er im Profil wie ein alter Indianer aussah. Ich konnte mich oft nicht satt sehen an seinem Gesicht und hatte in dieser Zeit unendlich viele Portraitphotos von ihm gemacht. Nach diesem seltsamen Erlebnis in der Meditation schrieb ich:

„ERINNERUNGEN EINER SQUAW"

Auch damals
war mein ganzes Sein
mit dem Deinen verbunden.
Dein Körper
war Teil des meinen
und wenn Du fortgingst
so ging ein Teil von mir
mit Dir.
Meine Seele begleitete Dich in die Prärie
und gleichzeitig blieb ich zurück,
und Du lebtest weiter in mir.

Damals
unter dem unendlichen Blau des Himmels
mit dem Rhythmus der Erde,
der in uns schwang, warm und rot.

Mit dem Zittern der Luft,
der Büffelherde,
die mit gewaltigem Rasen
die Erde zur Trommel werden ließ.

Du, mein Mann,
alles von mir, Deine Frau

Die Erde
auf der wir lagen
war ich –
zusammen gehörten wir Dir,
Du durchdrangst uns
und wir nahmen Dich auf.

Ich erinnere mich
Deine langen Haare, ohne Band, ohne Federn,
so,
nur für uns,
die Dir ins Gesicht fielen,
wenn Du auf mir lagst
mein Mann

und wenn wir uns liebten
dann liebten wir
die Erde
die Sonne
das Wasser
die Luft
und alles durchdrang uns
und liebte.

Ich hatte ihm dieses Gedicht gegeben, obwohl er sicher nicht der Mann war, der an frühere Leben glaubte oder irgendein Interesse an esoterischen Dingen hatte. Ich hatte auch nie über solche Dinge mit ihm gesprochen, es war unwichtig.

Er erzählte mir etwas sehr Erstaunliches. An demselben Morgen, an dem ich von der furchtbaren Verzweiflung, dass ich ihn nie wieder sehen würde, heimgesucht worden war, hatte auch er ein seltsames Erlebnis. Er war auf dem Weg zur Arbeit eine Straße entlanggegangen, auf der gerade zwei Polizeiautos mit Blaulicht standen. Als er an diesen Autos vorbeilaufen musste, spürte er plötzlich eine unerklärliche und für ihn völlig sinnlose Angst, dass irgendetwas passieren würde und er dabei sterben könnte. Ich schrieb ein zweites Gedicht:

Damals
Geliebter
damals
als die Luft so klar war
dass wir die Ewigkeit hören konnten
und unsere Liebe
so stark war
wie die Sonne der Prärie,
damals,
als die Erde leuchtete
tief und rot,
gingst Du fort
– eines Morgens –
und ich wusste nicht,
dass es das letzte Mal war.

Nie wieder
Dich sehen.
Meine Liebe war so stark
und so tief
und sie war
so allein
– von diesem Morgen an –
ein Leben lang,
allein.

Sie konnte nicht verstehen.
Jeden Tag
kam die Liebe,
kam der Schmerz,
aber Du
kamst nicht.

Die Liebe blieb
bewusstlos
und der Schmerz blieb –

Aber nun
sehe ich Dich
und Du gehst von mir,
jeden Morgen,
und ich weiß
dieses
ist vielleicht
das letzte Mal.

Nach vielen Leben
ist es nicht mehr
nur Schmerz
ich weiß,
es gibt keine Trennung,
die Ewigkeit
ist in mir,
die Ewigkeit
ist in der Liebe,
und jeden Moment gebe ich her,
was mir am liebsten ist.

Genau nach drei Monaten hängte er, ohne ersichtlichen Grund, meinen Wohnungsschlüssel zurück an das Schlüsselbrett und ging. Ich war im Schock. Was hatte ich falsch gemacht? Als wir uns nach ein paar Tage wieder sahen, erklärte er, dass es nicht an mir lag, dass er verschwunden war, sondern an einer Art innerem Zwang zu gehen, wenn die Nähe zu groß wurde. Es war ihm in allen seinen Beziehungen so gegangen und er fand keine Erklärung dafür. Wir kamen wieder zusammen und setzten unsere Beziehung fort, aber das Verlassen wiederholte sich öfter und öfter, und unsere Trennungen dazwischen wurden immer länger.

Bei einem unserer letzten „Rettungsversuche" gingen wir zu einer Paartherapie. Wir machten eine Familienaufstellung. Er sollte die Mitglieder seiner Familie so im Raum verteilen, wie er sie in ihrer Beziehung zueinander und zu sich erlebte. Eine seltsame Parallele kam zu Tage: Bevor seine Mutter ihre jetzige Ehe einging, war sie mit einem anderen Mann verlobt gewesen. Dieser Mann wurde im Krieg vermisst und kehrte nie wieder zurück. Sie wartete vergeblich auf ihn. Später heiratete sie dann einen anderen. Sie bekam einen einzigen Sohn und dieser Sohn ersetzte für sie, unbewusst, den Verlobten. Er musste ihre ganze Sehnsucht nach dem Vermissten, aber auch ihre ganze Verzweiflung und Wut über ihr Verlassen-Werden tragen. In der Aufstellung stand die Mutter dicht hinter ihrem Sohn. Viel zu dicht, ich spürte es, denn ich hatte in der Aufstellung diese Rolle übernommen. Es war eine unerträgliche Nähe, die den Sohn nicht frei sein ließ. Ich verstand ihn danach besser: Er kannte nur unglaubliche Nähe oder völlige Abwesenheit.

Als ich zu einem anderen Zeitpunkt eine Aufstellung meiner eigenen Familie machte, tauchte eine ähnliche Variante dieser Geschichte wieder auf: Auch die Mutter meines Vaters hatte in jungen Jahren ihren Mann verloren. Er war von einer Reise nach Afrika nie mehr zurückgekehrt, er war dort gestorben. Seine Mutter hatte ihr Leben lang gewartet und war als einsame Frau gestorben. Mein Vater, ihr einziger Sohn, war bei diesem Verschwinden vier Jahre alt gewesen. Auch er hatte für seine Mutter den „Vermissten" ersetzt. Die Ähnlichkeit zwischen meinem Vater und meinem „griechischen Gott" wurde mir erst einige Zeit später ganz bewusst.

EIN SCHOCK

Auch während der nächsten zwei Jahre dachte ich noch oft an diese Beziehung, und ich sehnte mich noch immer nach unserem Zusammensein. Äußerlich hatte sich in dieser Zeit vieles zum Guten gewendet. Meine beiden Töchter und ich waren umgezogen und der Alltag zu Hause hatte sich langsam wieder normalisiert. Ich konnte jetzt von zu Hause aus arbeiten, und ich war in unserer neuen Wohnung überglücklich. Die Kinder gingen inzwischen beide in die Schule, und auch sie fühlten sich in der neuen Umgebung wohl.

Fast ein Jahr lang war ich damit beschäftigt, die große Wohnung einzurichten und gemütlich zu machen. In dieser Zeit schrieb ich die erste Fassung meines Buches, und mittlerweile kamen meine Alexander-Technik-Schüler wieder scharenweise. Ich war so vielbeschäftigt wie ehedem und liebte einfach alles, was ich tat. Aber es ging auf den Winter zu und ich merkte, dass mich die Kälte anstrengte und dass ich einfach zu viel zu tun hatte: die Wohnung, das Buch, meine Kinder, meine Schüler, der Haushalt und natürlich meine Hobbys wie das Ballett und der Tango. Es kam mir so vor, als hätte der Tag nie genug Stunden für alle meine Vorhaben. Ich wollte in den Winterferien nicht einmal wegfahren. Ich war erschöpft, ich war überfordert und ich sehnte mich nach meinem „griechischen Gott". Und ich schaffte es nicht, etwas daran zu ändern.

Genau zum gleichen Zeitpunkt unterbrach meine Analytikerin plötzlich für längere Zeit ihre Praxistätigkeit, und ich fühlte mich völlig verlassen und einsam. Um mich ein bisschen zu trösten, ging ich in die Stadt zu meinem Lieblingsladen, wo ich immer irgendetwas Ausgefallenes für meine Tango-Garderobe fand. Ich probierte ein schickes kleines T-Shirt an. Nachdem ich das Oberteil wieder ausgezogen hatte, berührte ich, wie so oft, liebevoll meine operierte Seite und massierte gedankenverloren ein bisschen den Bereich unter meiner Achsel – und da war er plötzlich, ein kleiner Knoten in der Achselhöhle!

So begann meine zweite Krebsgeschichte. Ich werde nie das Gesicht meines freundlichen Gynäkologen vergessen, als er den Knoten auf dem Ultraschall-Bildschirm entdeckte: Es spiegelten sich Schrecken, Enttäuschung und Mitleid darauf wider, und ich wusste sofort, was los war. Ich hatte drei kleine Tumore. Am Anfang wollte ich einfach nicht begreifen, warum mir das schon wieder passierte. Es waren nicht einmal zwei Jahre seit dem ersten Krebs vergangen. Ich war enttäuscht, ich war wütend, und ich hätte manchmal am liebsten alles hingeschmissen. Es schien so hoffnungslos, dieser unberechenbare Körper, der einfach machte, was er wollte. Ich war deprimiert, und ich hatte Angst. Ein schweres halbes Jahr. Alles was ich dachte, schon „überwunden" und „gelernt" zu haben, schien sich in nichts aufzulösen.

Ich informierte mich wieder auf das Genaueste und entschied mich, noch einmal in dieselbe Klinik zu gehen um die drei Tumore operativ entfernen zu lassen. Diesmal hatte ich nicht so viel Glück wie das erste Mal. Am Abend nach der Operation sagte mir die Assistenzärztin, dass sie *einen* Tumor entfernt hätten. Ich war entsetzt über diese Nachricht, denn ich wusste ja, dass ich *drei* Tumore hatte. Die Assistenzärztin bestand darauf, dass es nur *ein* Tumor war und es dauerte fast zwei Tage, bis ich endlich mit der Chirurgin, die mich operiert hatte, sprechen konnte. Von ihr erfuhr ich dann mit Sicherheit, dass doch *drei* Tumore entfernt worden waren. Ein Versehen der Assistenzärztin, durch das ich die ersten zwei Tage nach der Operation innerlich in großen Aufruhr geraten war.

Die nächste schlechte Nachricht bekam ich am darauf folgenden Tag, als die Befunde aus dem Labor eingetroffen waren. Mir wurde erklärt, dass ich sofort noch einmal „nachoperiert" werden müsste, da die Tumore „nicht im Guten" entfernt worden waren. Die Chirurgin hatte beim Entfernen der Tumore ein kleines Stück meines Brustmuskels herausgeschnitten, aber an der Schnittstelle waren bei der Untersuchung im Labor noch Krebszellen gefunden worden. Das bedeutete, ich hatte noch Krebszellen in meinem Brustmuskel und man wollte so schnell wie möglich ein größeres Stück des Muskels entfernen. Für die Ärzte eine selbstverständliche „Routinemaßnahme", für mich die Konfrontation mit einer weiteren Verstümmelung. Ich fühlte mich furchtbar ausgeliefert. Zum einen beängstigte mich die Nachricht, dass ich noch Krebszellen in mir hatte, und zum anderen wehrte sich alles in mir gegen eine weitere Operation. Einen größeren Teil des Brustmuskels zu entfernen war für mich fast unvorstellbar. Mein rechter Arm würde dadurch schwer behindert sein. Wahrscheinlich würde ich nie mehr richtig tanzen können. Ich schien mich in einer ausweglosen Situation zu befinden. Ich wollte mich nicht operieren lassen, aber es hatte den Anschein, als gäbe es keinen anderen Weg.

Und um alles noch zu verschlimmern, hatten die Schwestern bei der Drainage nicht gemerkt, dass der Schlauch verstopft war, und so bildete sich ein großer Bluterguss unter der Narbe. In der folgenden Woche mussten wir die Narbe zwei Mal neu öffnen, um das geronnene Blut zu entfernen, und trotzdem blieb das Wundgebiet hart und geschwollen. Nach ein paar Tagen entschied ich mich, erst einmal nach Hause zu fahren, um dort in Ruhe und mit mehr Informationen über eine weitere Operation nachzudenken. Ich konnte mich unter dem Druck in der Klinik einfach nicht entscheiden.

Neben der großen Angst wegen der Operation quälte mich zur gleichen Zeit noch etwas anderes sehr: Es war die Sorge, meine Kinder verlassen zu müssen, sollte ich an diesem Krebs sterben. Ich hatte ein schlechtes Gewissen, eine so „unzuverlässige Mutter" zu sein. Es war mir, als sei ich an allem Schuld und wenn ich nur wollte, könnte ich etwas an meinem Krebs ändern. Erst als ich meinem Homöopathen in einem langen Gespräch davon erzählte, merkte ich, dass ich mich wieder in den alten „Schuld-Mustern" bewegte und konnte von dieser Angst loslassen. Ich spürte, dass es im Moment darum ging, meine Situation wieder anzunehmen.

Die Entscheidung über die Nachoperation wurde mir nach einer Woche durch die Ärzte der Klinik erleichtert. Sie teilten mir nämlich mit, dass sie nach einer Besprechung zu dem Entschluss gekommen seien, mir doch keine weitere Operation zu empfehlen, da durch die Entfernung eines Teiles meines Brustmuskels die körperliche Behinderung meines rechten Armes zu groß sei für mich. Sie schlugen wieder eine Chemotherapie und dazu eine Bestrahlung vor. Zur Chemotherapie hatte ich kein Vertrauen, und ich war erleichtert, dass mich nicht einmal jetzt das Gefühl beschlichen hatte, dass ich sie das erste Mal vielleicht doch hätte machen sollen. Aber die Bestrahlung machte mir große Schwierigkeiten. Alle rieten mir dazu, der Onkologe, mein Hausarzt, mein Homöopath, meine Freunde. Ich informierte mich wieder, hatte zwei Termine in der Strahlenklinik, und mein Gefühl sagte mir immer wieder „NEIN".

Für mich waren die Nebenwirkungen erschreckend: Unter anderem werden durch die Strahlen zellschädigende Spaltprodukte, die so genannten „Freien Radikalen", erzeugt, die das Immunsystem schwächen. Als ich mit dem Chefarzt der Radiologie sprach, erklärte er mir außerdem, dass ein kleiner Teil meiner Lunge auf immer beschädigt werden würde, die mitbestrahlten Lymphgefäße würden verkleben und meine Haare unter der rechten Achsel würden nicht mehr nachwachsen, manchmal konnten Hautveränderungen und Rippenbrüche auftreten. Später fand ich noch heraus, dass ein bestrahltes Gebiet nicht noch einmal bestrahlt werden kann und dass Operationen in diesem Bereich danach fast unmöglich sind, da das Gewebe nach der Bestrahlung nicht mehr die Fähigkeit besitzt zu heilen. Ich konnte diese Behandlung einfach nicht machen. Ich hätte sie gerne gemacht. Manchmal wünschte ich mir, eine Patientin zu sein, die ohne zu hinterfragen das „Wort ihres Arztes" als den besten Behandlungsvorschlag annehmen konnte, aber alles in mir wehrte sich gegen die Bestrahlung. Ich kämpfte dabei mit Ängsten, die wie Wogen über mir zusammenschlugen. Oft, wenn ich schlafen wollte, lag ich starr vor Entsetzen im Bett und konnte es nur noch aushalten, indem ich die ganze Nacht das Licht neben mir brennen ließ. Es war die Angst, nicht die „richtige" Behandlung zu wählen.

Ich musste erst wieder lernen, dass es die „richtige" Behandlung an sich nicht gibt, es gibt nur die „für mich richtige" Behandlung.

Ein Traum in dieser Zeit lieferte mir ein eindeutiges Bild: *Ich bin auf einem Boot. Wir haben irgend etwas falsch gemacht. Wir werden torpediert. Seltsamerweise fährt das Schiff, das uns verfolgt und beschießt, vor uns her. Es ist eine wilde Verfolgungsjagd, in der wir dem Schiff, das uns „verfolgt", hinterherrasen und dabei versuchen, immer wieder den Torpedos auszuweichen, die das Schiff nach hinten auf uns abschießt.*

Als ich aufwachte, wurde mir plötzlich bewusst, dass ich einfach nur aufhören musste, hinter diesem Kriegsschiff herzufahren. Bei diesem Gedanken spürte ich eine unglaubliche Erleichterung. Ich war auf einmal umgeben von der Stille, dem Frieden und auch der unendlichen Einsamkeit des Ozeans. Das Kriegsschiff, das mich bombardierte, war für mich die Schulmedizin mit Chemotherapie und Bestrahlung. Ich musste also mit meinem Schiff lediglich aufhören, diese Kriegsmaschine zu verfolgen. Das Bild, das ich bekommen hatte, war perfekt.

Ich durchlief wieder eine intensive Informationsphase. Ich hatte immer die Phantasie, dass aus diesen verbliebenen Krebszellen sofort wieder neue Tumore wachsen würden, aber das passierte nicht. Später hörte ich von einer Frau, die sich in einer ähnlichen Situation wie ich befunden hatte: Sie hatte sich nach drei Monaten entschlossen, doch noch einmal zu operieren. Als das entfernte Stück dann untersucht wurde, waren keine Krebszellen mehr zu finden.

Ich versuchte den Krebs zu verstehen. Ich las mehr über die ganzheitliche Medizin und langsam veränderte sich meine innere Eistellung[17]. Eine Freundin hatte mir das Buch „Krebskranke Menschen in ganzheitlich-medizinischer Behandlung" geschenkt[18], es gab mir Vertrauen. In der Frauenliteratur hatte mich Maria Zemps Artikel „Krebs – eine Geschwulst der Drachin" sehr inspiriert[19]. Sie sprach unter anderem auch davon, dass Frauen in der Situation nach einer Krebsdiagnose manchmal ihren „roten Lebensfaden" verlieren können, besonders wenn sie zu viel Verantwortung abgeben und andere über sich hinweg entscheiden lassen. Dies sprach mir aus der Seele, denn ich hatte immer das Gefühl, dass dieser „rote Lebensfaden" das Wichtigste auf meinem ganzen Weg war.

Obwohl ich mich bemühte, die Behandlung mit größter Bewusstheit anzugehen, wurde mein Bild von dieser Krankheit die ersten zwei Jahre sehr durch die Angst meiner Mitmenschen und durch meine eigene Angst bestimmt. Wenn ich Angst hatte, dann fühlte sich der Krebs wie ein unheimlicher Feind an, den ich nicht einschätzen konnte, etwas Fremdes, das drohte, meinen Körper zu zerstören. Die Krebstumore glichen dann düsteren, scheußlichen Gebilden, die nichts mit mir zu tun hatten und die sich irgendwie in mir ausbreiten wollten. Sie erfüllten mich mit Schrecken.

Erst langsam veränderte sich dieses innere Bild. Es beruhigte mich herauszufinden, dass es Krebs schon immer gab, dass auch Tiere und Pflanzen Krebs haben können. Es ist nicht, wie die Presse oft so negativ und angsteinflößend verkündet, „eine Seuche unserer Zeit". Es ist eine Krankheit, die so alt ist wie die Menschheit selber, eine Krankheit, an der schon immer Menschen gestorben sind, also *eher* eine „natürliche Todesursache" als eine „Seuche". Außerdem sind Ausdrücke wie „Seuche" falsch, Krebs ist nicht ansteckend! Ich fragte mich auch, ob das „Zunehmen dieser Krankheit" vielleicht mit der immer intensiver werdenden Diagnostik zusammenhing, durch die heute viel mehr Krebs als früher entdeckt wird? Vielleicht wurden früher viele der unentdeckten Tumore wieder inaktiv, die jetzt entdeckt, behandelt und vielleicht auch dadurch weiter aktiviert werden[20]. Natürlich hat die Frühdiagnostik ihre Berechtigung, aber ich will selbst entscheiden können, ob ich mich untersuchen lasse oder nicht. Es hat mit dem „roten Lebensfaden" zu tun, den ich in der Hand behalten möchte. Ich konnte einfach nie die Verantwortung ganz an die Mediziner abgeben, so wie ich auch nie erwartete, dass die Ärzte alles erklären und heilen können. Ich wollte, dass mir das Wissen der Mediziner dient, aber nicht, dass ich der Medizin diene.

Es beruhigte mich auch zu erfahren, dass alle Menschen Krebszellen in sich haben und dass das Immunsystem sie normalerweise entdeckt und vertilgt. Nur wenn das Immunsystem sie aus irgendeinem Grund nicht mehr aufspürt, können sie sich vermehren. Eigentlich sind Krebszellen nichts anderes als sich schnellteilende Zellen. Zellen meines eigenen Körpers wie jede andere Zelle in meinem Organismus auch, nur bewegen sie sich nicht mehr in einem geordneten Verbund, sondern sie wachsen eigenständig und mit einer unglaublichen Lebensenergie. Wenn sie dadurch zum Beispiel zu viel Raum verdrängen, können sie Organe in ihrer Funktion behindern und so auch zum Tod führen. Aber Krebszellen können sich auch genauso plötzlich wieder zurückbilden. Es gibt die so genannten Spontanremissionen. Ich hörte von Krebspatientinnen, bei denen Tumore sich, auch in den fortgeschrittensten Stadien, aus unerklärlichen Gründen zurückgebildet hatten und wieder verschwunden waren. Ich hörte von Fällen, in denen der Krebs in ganzheitlicher Behandlung von selber wieder inaktiv wurde. Krebs schien sich von Mensch zu Mensch individuell verschieden zu verhalten, er hatte seine eigene Dynamik, er war wie ein Ausdruck jedes einzelnen Menschen. Mit zunehmendem Wissen wurde er mir langsam sympathischer. Ich versuchte zu lernen, mit dem „Unkontrollierbaren" zu leben, mich wohl und sicher zu fühlen, auch wenn ich nicht immer alles im Griff hatte. Das Wunder und der Charme des Lebens bestehen ja gerade aus dem „Unkontrollierbaren", aus dem „Unvorhergesehenen", aus dem „Überraschenden".

Krebs war also eine „Fehlinformation" meiner Zellen. Es beruhigte mich und nahm mir das Gefühl der Angst vor mir selber, Angst vor irgendeinem schrecklichen Geschehen in mir, das nichts mit mir zu tun hatte und mich wie eine fremde Macht verzehrte. Ich nannte den Krebs: „Meine verwirrten Zellen", das hörte sich wesentlich liebevoller an. Und nun wollte ich einen Weg finden, meinen Zellen zu helfen. Mir war klar, dass ich auch das zweite Mal keine Chemotherapie machen würde. Für mich schien es unlogisch, „vorbeugend" chemotherapeutisch zu behandeln, also ohne zu wissen, ob ich überhaupt gerade wieder Krebs hatte. Tief in meinem Inneren hatte ich außerdem das Gefühl, dass mein System diese Behandlung nicht aushalten würde und dass ich durch eine Chemotherapie eher noch schwächer und noch krebsanfälliger würde. Das konnte natürlich niemand beweisen, aber mein Gefühl konnte auch niemand widerlegen. Die Chemotherapie schädigt die Knochenmarkzellen, die weiße Blutkörperchen bilden. Die weißen Blutkörperchen sind eines der wichtigsten Teile des Immunsystems, und ich wollte gerade an einer Stärkung dieses Systems arbeiten und nicht an einer Schwächung. Erst nachdem ich mit vielen anderen Frauen gesprochen hatte wurde mir klar, dass es viele Menschen gibt, die eine Chemotherapie ablehnen oder auch solche, die sie abbrechen, weil es für sie unerträglich ist. Auf der anderen Seite kenne ich aber auch Frauen, die eine Chemotherapie mit Überzeugung machen und für die es der einzige richtige Weg ist. Ich würde sie nie davon abhalten wollen, ihrem inneren Gefühl zu folgen, denn jeder roter Lebensfaden führt auf einen völlig anderen Weg.

Langsam lernte ich zu vertrauen, dass für mich nur mein eigenes Gefühl das Richtige sein konnte und nicht schulmedizinische Statistiken oder Vermutungen. Ich musste meinen Weg gehen, auf dem mir niemand eine Entscheidung abnehmen konnte und von dem niemand sagen konnte, ob es der richtige oder der falsche war. Es gibt keinen „einheitlichen" Weg, Krebs zu behandeln. Zu den konventionellen, schulmedizinischen Behandlungsweisen werden viele Statistiken angelegt, da dafür die nötigen Gelder bereitgestellt werden, wohingegen ganzheitliche Behandlungsmethoden keine langjährigen Statistiken aufweisen können, da sie weder von der Pharma-Industrie noch vom Gesundheitswesen unterstützt werden. Die einzige über längere Zeitspannen statistisch ausgewertete naturheilkundliche Therapie ist die Behandlung mit der Mistel, sie ist daher inzwischen auch von der Schulmedizin weitgehend anerkannt und wird von den Kassen bezahlt.

Ein Therapeut sagte mir während der Zeit meiner Behandlungssuche, dass es keinen Zweck hat eine Therapie zu machen, von der ich nicht überzeugt bin, denn ein großer Teil der Wirkung jeder Therapie hängt von der inneren Einstellung der Patientin ab. Ich musste also meinen eigenen Weg finden und lernen, mit ihm zu leben. Nachdem ich viele Informationen gesammelt hatte, die Gesellschaft für Biologische Krebsabwehr war dabei sehr behilflich[17], stellte ich mir selbst eine Therapie zusammen. Ich kombinierte hoch dosierte Mistelinfusionen mit lokalen Hyperthermien. Durch die Infusionen wird die Krebsabwehr massiv stimuliert, und die Hyperthermien überwärmen den lokalen Bereich des Operationsgebietes. Durch die Überwärmung entsteht der Effekt eines hohen Fiebers im Gewebe, das wiederum Krebszellen schwächt und ihren Abbau noch einmal stimuliert. Ein angenehmer Nebeneffekt der lokalen Hyperthermie war das fast vollständige Zurückbilden des verhärteten Blutergusses unter meiner neuen Narbe, er hatte am Ende die Größe eines Kirschkerns. Ein Arzt in der Strahlenklinik hatte mir zwei Monate zuvor gesagt, dass sich an dieser pflaumengroßen Schwellung unter meiner neuen Narbe nichts mehr verändern würde.

Als weitere Nachbehandlung nahm ich ab diesem Zeitpunkt Enzyme. Enzyme helfen dem Immunsystem, indem sie den Eiweißmantel, mit dem sich Krebszellen „tarnen", abbauen. Ich entschloss mich außerdem, das Mittel Tamoxifen auszuprobieren, setzte es jedoch nach einem Jahr wieder ab.

Langsam kehrte meine innere Ruhe zurück. Damit kam auch die Gewissheit wieder, dass ich das Angemessene tat, auch wenn vielleicht nur wenige Menschen meine Entscheidungen nachvollziehen konnten. Ich war durch einen langen dunklen Tunnel gegangen, um am Ende an einer ganz neuen Stelle in meinem Leben wieder herauszukommen. Es ging darum, an meinen Weg zu glauben und mit meinem Schicksal glücklich zu sein. Ich hatte inzwischen innerlich zu der „Unsicherheit, mit Krebs zu leben", ja gesagt. Ich versuchte nicht mehr aus dem Druck meiner Angst heraus eine mögliche nächste aktive

Phase von Krebs zu verhindern, sondern ich lernte aus Freude am Leben und mit Neugier nach neuen Behandlungsmethoden zu suchen, um so gut und gesund wie möglich zu leben.

Ich hatte gemerkt, wenn die Angst mich zusammenzog, konnte ich auch die Liebe zu meinen Kindern nicht mehr ausdrücken, und ich wollte, dass sich meine Kinder später an eine liebende Mutter und nicht an eine angstverkrampfte Mutter erinnern würden. Langsam konnte ich wieder frei atmen und annehmen, was im Moment geschah.

MEINE WUT

Nachdem ich das zweite Mal Krebs bekam, schrieb ich in meinem Tagebuch wieder eine Liste von all den Dingen, die ich gerne machen wollte. Ich dachte in dieser Zeit viel ans Sterben und ich hatte das starke Bedürfnis, Dinge zu klären und „aufzuräumen". Ich benutzte meinen „Freibrief": An erster Stelle stand der verrückte Wunsch, all meine Habseligkeiten zu verkaufen. Es war immer ein Traum von mir gewesen, nichts mehr zu besitzen und frei zu sein wie ein Vogel.

Als Erstes bestellte ich einen Antiquar, er war begeistert und schleppte kurz danach kistenweise Bücher aus meiner Wohnung. Dann machte ich ein Auktionshaus ausfindig. Es ging alles unheimlich schnell. Innerhalb von zwei Wochen war meine Wohnung leer! Möbel, Antiquitäten, Bilder, eine Sammlung kaukasischer Teppiche und vieles andere. Es waren zum größten Teil Sachen, die ich geerbt hatte, Gegenstände aus dem Zuhause meiner Kindheit, die ihre ganz eigene Geschichte hatten. Auf ihnen hatte der Anspruch gelastet, sie „heilig" zu halten. Ich hatte mir zwar immer wieder gesagt, dass ich nicht mehr das „Kind" von damals war, dass ich diese schönen Dinge genießen durfte, dass ich sie „heilig" oder „nicht heilig" halten konnte, aber trotzdem blieben sie mächtiger als ich, denn sie führten mir immer wieder meine Kindheit vor Augen: Meine Eltern waren beide Kunsthistoriker gewesen, und die Wohnung meiner Kindheit glich eher einem Museum als einem Zuhause. Das bedeutete für mich als Kind, dass ich in einer Welt der Verbote lebte. Ich musste ständig aufpassen, dass ich nicht an irgendeinen wertvollen Gegenstand stieß, auf einen alten Teppich trat oder sonst irgendetwas kaputtmachte. Es gab oft Ermahnungen wegen dieser Dinge. Sie schienen so unermesslich wertvoll und wichtig zu sein, viel wichtiger als wir Kinder. Jedes Stück schien mich daran zu erinnern, wie minderwertig und unwichtig ich im Grunde genommen gewesen war. Und jetzt, mit vierundvierzig Jahren, als ich alles zusammenpackte, fühlte ich mich wie eine gigantische Gewitterwolke. Ich spürte eine unermessliche Wut. Es war wie eine Kraft, die aus uralten Fesseln gelöst wurde. Als meine Wohnung dann leer war, fühlte ich mich so leicht – ich hätte fliegen können vor Glück. Es befreite mich von vielen alten „Zwängen", die ich aus meiner Kindheit noch mitgebracht hatte.

Genau in dieser Zeit, als ich die Sachen für die Auktion zusammenräumte, kam meine Freundin Olga aus London zu Besuch. Olga ist Jungsche Analytikerin. Wir verstehen uns wunderbar. Nach meiner zweiten Krebsdiagnose hatten wir fast täglich telefoniert. Diesmal war *sie* es gewesen, die mich seelisch begleitete. Als wir uns unterhielten fragte sie mich, wo denn eigentlich meine Wut auf den „griechischen Gott" sei? Dieser Mann hatte es ihr angetan. Er war so unnahbar. „Du müsstest ihn umbringen", schlug sie vor, „und dann wickelst du ihn in einen deiner kaukasischen Teppiche und lässt ihn verschwinden." Olga scherzte, aber mir wurde plötzlich bewusst, dass ihre Phantasien gar nicht so phantastisch waren, wie sie klangen, denn in meiner Verzweiflung hatte ich wirklich manchmal daran gedacht, diesen Mann umzubringen. Es war ein einziges kurzes Bild, das sich in mein Bewusstsein eingeblendet hatte: Ich sah seine hohe Stirn vor mir, die Stirn, die ich so liebte, und seinen Kopf, den ich so gerne in meinen Händen hielt. Mit meinen Lippen spürte ich die Haut, die ich so oft liebkost hatte und gleichzeitig sah ich einen Revolver an seiner Schläfe und hatte die Phantasie, ihn zu erschießen. Dieses eine Detail und mein Wunsch abzudrücken. Ich verband damit nicht einmal ein Gefühl.

Erst durch Olgas Anregung spürte ich die ganze Wut und den Hass, die in dieser Phantasie lagen. Es war erschreckend, dass ich damals nicht einmal dieses innere Bild mit einer Empfindung hatte beleben können. Es war, als wären mir die Hände gebunden, als wäre meine Angst vor der Wut so groß, dass ich lieber vorher selber sterben wollte, als sie zuzulassen. Als ich begann, meine Beziehung unter diesem Aspekt zu betrachten, erinnerte ich mich an eine andere Begebenheit während unserer Zeit zusammen: Es war eine Nacht, in der ich viele Stunden wach gelegen und im Dunklen auf ihn gewartet hatte. Er wollte kommen, aber er kam nicht. Ich sehnte mich nach ihm und gleichzeitig fühlte ich mich so ausgeliefert. Am Ende hielt ich es nicht mehr aus. Ich wurde unglaublich wütend. Ich wollte mich frei machen von dieser qualvollen Verbindung, von diesem Warten, diesem Verzweifeln, diesem Verlassen-Werden. Lieber ganz ohne ihn leben als solche Nächte des Wartens ertragen. Ich stand auf und holte alle Portraitphotos, die ich von ihm gemacht hatte, hervor. Ich liebte diese Photos. Und dann begann ich, die riesigen Bögen zu zerreißen. Systematisch zerriss ich jedes Blatt, jedes einzelne Abbild meiner Verzweiflung. Als ich fast fertig war, kam er. Ich war wie benommen, in seiner Gegenwart schmolz meine Wut und meine Verzweiflung sofort dahin. Er schaute sich das Bild der Verwüstung an, war schockiert, gekränkt und verließ mich wieder für lange Zeit. Ich blieb zurück und meine Wut erstarrte zu Ohnmacht.

Olga erklärte mir, dass ein Gott, also ein idealisierter Mann, immer jenseits von aller Schuld stünde und natürlich auch nicht mit einer „Sterblichen" eine „Alltagsbeziehung" eingehen könnte. Aber warum hatte ich einen solchen Mann gewählt? Und warum hatte ich ihn so idealisiert? Ich verglich ihn mit den anderen Männern in meinem Leben und musste zugeben, dass er in vieler Hinsicht meinem Vater ähnelte. Meine Mutter hatte meinen Vater verherrlicht, „vergöttert": Ich kannte ihn hauptsächlich aus ihren Erzählungen, denn er war gestorben, als ich acht Jahre alt war, und auch in der Zeit davor hatte ich wenig von ihm mitbekommen. Er war unantastbar, ein bedeutender Wissenschaftler, ein Mann, der zum Außergewöhnlichen bestimmt war und mit den praktischen Dingen des Alltags nicht in Berührung stand – er konnte nicht einmal Auto fahren! Für mich existierte er eigentlich nur in seinem Arbeitszimmer. Meine einzige Kindheitserinnerung an ihn war, dass ich oft stundenlang unbemerkt unter seinem riesigen Schreibtisch saß, ganz still neben seinen Beinen, und dass ich mich irgendwann genauso unbemerkt wieder aus seinem Zimmer herausschlich.

Bei meinem „griechischen Gott" hatte ich mehr als nur unter einem Tisch gesessen, er hatte mich auf seinen Olymp mitgenommen und mich am Himmel und den Köstlichkeiten der Liebe teilhaben lassen. Unser Zusammensein schien immer „göttlich" gewesen zu sein. Es hatte keine Disharmonie zwischen uns gegeben, nie war er böse geworden, und auch darin glich er meinem Vater. Ich hatte meinen Vater nie ärgerlich erlebt, er war einfach innerlich nicht da gewesen, und dann war er gestorben. Auch in dieser Abwesenheit glichen sich die beiden Männer. Und so, wie ich als Kind meinem Vater nicht böse sein konnte, so war ich auch jetzt meinem „griechischen Gott" nicht böse gewesen. Meinen *Schmerz* konnte ich spüren, aber nicht, dass jemand mich verletzt hatte. Erst drei Jahre später, mit Olgas Hilfe, begann ich zu realisieren, wie unglaublich einseitig und unreell diese ganze Beziehung gewesen war. Mit meiner Angst vor Auseinandersetzung und Ärger hatte ich mir einen Mann ausgesucht, der genauso wenig mit seiner Wut in Kontakt war wie ich. Wir hatten viele herrliche Momente zusammen erlebt, aber es waren Momente geblieben, und es hatte sich daraus weder eine Freundschaft noch eine Partnerschaft entwickelt. Erst langsam konnte ich wütend über das

Verhalten dieses Menschen werden und konnte spüren, wie sehr mich sein Verhalten verletzt hatte.

War also vielleicht auch meine unterdrückte Wut ein Grund für meinen Krebs gewesen? Hatte sie mein Leben vergiftet? Die vielen Male, die ich nicht gewagt hatte zu sagen, was ich wirklich fühlte, um nicht zu riskieren, dass ich verlassen wurde? Es tat gut, diese Fragen zu stellen, auch wenn sie vielleicht nie beantwortet werden würden.

EIN ÜBERRASCHENDER TANGO-AUFTRITT

Nachdem meine Wohnung leer geräumt war, hatte ich wieder neue Energie. Ich entschloss mich endlich, eine Kur auszuprobieren. Eine Klinik in Kassel war mir von verschiedensten Seiten empfohlen worden. Auch mein Freund Pieter hatte sich dort von seinem Schlaganfall erholt und er hatte mir von der netten Tangoszene in Kassel erzählt. Also fuhr ich, meine Tanzschuhe im Koffer, kurze Zeit später zur Kur.

Pieter hatte mir außerdem verraten, dass ich die „Sperrstunden" galant umgehen konnte, indem ich mit dem eigenen Auto anreiste und einen Platz in der Tiefgarage mietete. Durch die Tiefgarage war es nämlich möglich, an der Nachtschwester vorbei zurück in die Klinik zu gelangen, ohne klingeln zu müssen. Ich hatte inzwischen mein kleines rotes Auto verkauft und zur Freude meiner Kinder einen Campingbus angeschafft. Ich war nicht ganz zu übersehen, wenn ich zwei bis drei Mal die Woche abends „unauffällig" mit meinem riesigen Bus aus der Tiefgarage herausfuhr, um dann meist etwas verspätet wieder „unauffällig" in die Garage hineinzufahren.

Die Kur selber war genau das, was ich befürchtet hatte: viel Krebsangst von den anderen und ein Tagesablauf, der überhaupt nicht meinem eigenen Rhythmus entsprach und für mich keine besondere Erholung war – ich gebe zu, wohl auch etwas bedingt durch meine nächtlichen Ausflüge. Der ganzheitliche Ansatz allerdings gefiel mir sehr und das Personal war erstaunlich aufgeschlossen. Ich durfte mit einem außergewöhnlichen Psychotherapeuten zusammenarbeiten, der sich auf Familienaufstellungen mit Krebspatienten spezialisiert hatte und mir sehr half. Außerdem lernte ich ein paar extrem nette Patientinnen kennen. Eine davon war Uschi Goldmann, wir waren Zimmernachbarinnen und bekamen manchmal vertauschte Nachrichten für Goldmann statt Erdmann oder Erdmann statt Goldmann. Uschi gefiel mir sofort, sie strahlte eine Lebendigkeit und eine positive Energie aus, die gut tat. Etwas später erfuhr ich, dass sie ein Buch über ihre Erfahrung mit Brustkrebs geschrieben hatte[21]. Uschi ist überzeugt von den schulmedizinischen Ansätzen und geht mit ihrem Wissen und ihrer Angst offensiv nach außen. Sie hat den Verein „Mamazone, Frauen und Forschung gegen Brustkrebs" mitbegründet, der es sich zur Aufgabe macht, Frauen besser über die Möglichkeiten, die ihnen von der Schulmedizin geboten oder auch nicht geboten werden, aufzuklären und ihnen bei der Diagnose und in der Behandlung von Brustkrebs mehr Wissen, Mitspracherecht und Macht zu geben[22]. Für mich war Uschi wie die „Sonne" in ihrer Art zu „kämpfen", und ich kam mir vor wie der „Mond" in meiner Art mit einem liebevollen „Ja" zu meinem Brustkrebs zu leben. Auch ich wollte noch lange leben, aber ich drückte diesen Wunsch völlig anders aus. Und das Verrückte war, sie hatte genau so „Recht" wie ich. Sie ging einfach einen völlig anderen Weg, aber wir gingen trotzdem in die gleiche Richtung.

Eine andere Patientin inspirierte mich. Sie war schon ein bisschen älter als ich und so quietschfidel, lebenslustig und strahlend, dass wir kaum eine Minute zusammen sein konnten, ohne zu lachen oder den Arm umeinander zu legen und uns über irgendetwas zusammen zu freuen. Josephine hatte schon vor dreißig Jahren das erste Mal Krebs gehabt, und seit drei Jahren hatte sie Lungenkrebs. Wir freundeten uns an. Sie zeigte mir die nettesten Schuhgeschäfte in Kassel, und ich nahm sie zu einem Tango-Abend mit. Sie war begeistert und wollte mehr wissen. Natürlich erzählte ich ihr von meinem roten Kleid und dem Auftritt im Frauenmuseum in Bonn. Sofort schmiedete sie Pläne für einen Auftritt in der Klinik. Sie wollte unbedingt, dass ich für die Patienten dort tanze. Erst zögerte ich, aber ihre Begeisterung steckte mich an. Ich bat eine Freundin in Freiburg, mein Kostüm und meine Schuhe zu schicken, und ich fand in Kassel einen Tango-Tänzer, der Lust hatte mit mir aufzutreten.

Die Organisation in der Klinik war nicht ganz leicht und fast hätte ich aufgegeben. Josephine und Uschi unterstützten mich. Wir waren gespannt, wie viele Patienten kommen würden und wir waren überwältigt! Der wunderschöne große Raum, der mir zur Verfügung stand, füllte sich zunehmend. Es waren auch Schwestern, Frauen aus der Administration und ein oder zwei Ärztinnen gekommen. Es entstand eine wunderschöne Atmosphäre, und obwohl ich mit meinem Tänzer Heinrich erst einmal zuvor getanzt hatte, fühlte ich mich sicher und wohl mit ihm zusammen.

Bei diesem Auftritt machte ich eine ganz andere Erfahrung als im Frauenmuseum in Bonn: Die meisten Zuschauerinnen waren selber von Krebs oder Brustkrebs betroffen. Sie waren begeistert, das merkten wir nicht nur an dem intensiven und herzlichen Applaus, sondern auch an den Frauen, die mich danach umringten, die mir dankten, die mit mir reden wollten, die mich umarmten. Ich war ganz überwältigt.

Und dann folgte noch meine letzte Woche Kur. Es war eine ganz besondere Woche: Ich wurde immer und immer wieder angesprochen. Nicht alle Patientinnen waren an demselben Abend nach dem Tanz zu mir gekommen. Aber jetzt, auf dem Flur, im Speisesaal, auf dem Weg zu einer Anwendung: Jede einzelne Frau sprach mich an, um sich zu bedanken. Manche hatten Tränen in den Augen, manche berichteten mir spontan von ihrer persönlichen Geschichte oder von neuen Impulsen, die mein Auftritt ihnen für ihren eigenen Weg gegeben hatte. Eine alte Dame sagte mir mit einem bezaubernden Lächeln: „Sie waren mit ihrem wunderschönen Tanz noch die ganze Nacht in meinem Zimmer präsent."

Am meisten bewegte es mich, wenn ich hörte, dass ich den Frauen Mut gemacht hatte: Mut, sich selber, ihre Situation und ihr verändertes Aussehen zu akzeptieren, oder Mut, sich wieder vor ihren Partnern zu zeigen, oder einfach den Mut, mal wieder in die Sauna zu gehen. Ich war oft selber sehr berührt von diesen Begegnungen, und oft standen auch mir Tränen in den Augen, wenn diese mir völlig unbekannten Frauen sich plötzlich öffneten und mir solche Einblicke in ihre Seele gaben.

In dieser Woche nach dem Auftritt wurde ich getragen von den Reaktionen meiner Mitpatientinnen. Ich kam mir vor wie das „Maskottchen der Onkologischen Abteilung". Jede neue Begegnung bestätigte mir, dass ich tanzen sollte – tanzen für Frauen mit Brustkrebs. Auch reagierten die Frauen (und Männer) immer wieder auf die „Schönheit" dieses Tanzes. Oft sagten sie mir, wie anmutig, wie erotisch, wie bezaubernd der Tango war. Ich merkte: Da ich schön, sinnlich und begehrenswert aussah, machte ich auch die anderen Brustkrebs-Patientinnen zu schöneren Frauen. Ich erlöste etwas von dem Inakzeptablen einer operierten Brust aus seiner Verbannung. Ich spürte, mein Anblick wertete das veränderte Aussehen dieser mitbetroffenen Frauen auf. Das war es, was ich erreichen wollte: die Berührungsängste nehmen. Ich wollte zum Anfassen schön sein, und ich wollte die Krebspatientinnen aus ihrem Schweigen und ihren Verstecken herausholen und ihnen ihr Selbstwertgefühl wieder neu vermitteln. Natürlich tat das Tanzen auch *mir* gut. Ich konnte diese Auftritte genießen, es war ein Geben *und* Nehmen.

Nach meinem Tango-Auftritt war auch eine Ärztin auf die Bühne gekommen, um mir zu danken. Sie sagte, dass ich gerade das getanzt hätte, was sie versuchte, in Worten ihren Patientinnen zu vermitteln: Akzeptanz, gelebte Freude, Lebensfreude. Ein anderer Therapeut der Klinik sagte mir später: „Sie haben mit Ihrem einen Auftritt bei meinen Patientinnen etwas erreicht, wozu ich manchmal zwanzig Therapiestunden brauche."

In der Nacht nach meinem Auftritt hatte ich einen Traum, der mich sehr bewegte und der mich lange begleitete. Auch er gab mir eine wunderbare neue Energie. Der erste Teil des Traumes begann so: *Ich befinde mich auf einer Waldlichtung in einer Art Zeltlager. Auf der anderen Seite eines dunklen Teichs steht eine große Indianerin, von oben bis unten in ein tiefblaues und braunes Tuch gehüllt, hoch aufgerichtet und ganz still. Ich habe großen Respekt und auch Angst vor ihrer Erscheinung. Indianer aus ihrem Lager kommen und holen mich herüber. Ich soll einer Prüfung unterzogen werden. Ich habe Angst, aber ich sage „Ja", weil ich diese Prüfung machen möchte. Ich überwinde mich und gehe mit. Als ich die Schwelle zu ihrem Lager übertrete, schwebe ich plötzlich einen Meter über dem Boden. Ich freue mich darüber und denke: Das ist ein gutes Zeichen. Ich sehe geschrieben, dass dies eine Initiation von der achten bis zur zehnten Stufe ist. Ich weiß nicht, was das bedeutet, und auch die Indianer sind sich nicht so sicher, ob diese Initiation richtig oder zu hoch für mich ist.*

Jetzt weiß ich, dass ich in einem ganz engen, dunklen Raum ohne Licht und Luft bleiben muss. Ich habe wieder große Angst. Die Indianer legen mich auf den Boden neben das Wasser und wickeln meinen Körper ganz fest ein, so dass ich nichts mehr bewegen kann, nur mein Gesicht schaut gerade noch heraus. Alles findet in der Präsenz der großen, schweigenden Indianerin statt.

Ich weiß nicht, woraus diese Prüfung besteht und was von mir erwartet wird. Liegt es daran, dass ich nicht aus diesem Stamm bin, oder kann niemand im Voraus wissen, was in einer Prüfung verlangt wird? Die Angst, mich nicht mehr bewegen und nicht mehr atmen zu können, droht mich zu überwältigen, aber dann werde ich ganz ruhig und liege in meinem Gefängnis wie in tiefer Meditation. Ich kann mich kaum noch bei Bewusstsein halten, es ist ein sehr schöner Zustand.

Nun soll ich blind einen Mann mit einer Maske finden. Ich denke, ich muss tasten, laufen, aber ich kann mich nur leicht zur Seite rollen, und dabei sinkt mein Gesicht in das Wasser des Teiches. Die Prüfung wird abgebrochen. Ich habe einen Fehler gemacht. Ich bin furchtbar enttäuscht. Ich werde aus meinem Gefängnis befreit. Ich möchte die Prüfung gerne irgendwann noch einmal machen.

Zweiter Teil des Traumes: *ich komme an einen hellen, gelbleuchtenden Strand aus feinstem Sand. Im Sand stecken Scherben von zerbrochenen Flaschen. Ich ziehe sie heraus, damit sich niemand verletzt.*

Der Traum beschäftigte mich lange. Anfangs war es hauptsächlich meine große Enttäuschung, die Prüfung nicht bestanden zu haben. Der Traum schien viele andere Träume aus der Zeit nach der zweiten Krebsdiagnose widerzuspiegeln, in denen ich den Wunsch hatte zu sterben. In diesem Traum zeigte sich mir dieser Wunsch noch einmal deutlich, und gleichzeitig hatte ich das Gefühl, dass der Teich das Wasser des Lebens war, in das mein Gesicht hineinsank. Es war noch nicht Zeit zu sterben. Ein anderes Element dieses Traumes, das ich erst später erfühlte, war die Indianerin selber. Sie vermittelte mir eine unglaubliche Kraft, und sie stand für eine große, weise Frau, für tiefes Wissen. Ich hatte mich mit ihr verbündet, und mit dieser Energie begann ich meine Arbeit mit und für Frauen.

MAMMATANGO

Aus dem Erlebnis in der Klinik schöpfte ich viel Kraft. Die Reaktionen der Frauen bestätigten mich in meiner Idee, weiter zu tanzen. Und nun zeigte sich, dass ein Engel in weiser Voraussicht es so organisiert haben musste, dass Uschi und ich just zum gleichen Zeitpunkt in dieselbe Klinik kamen und dazu noch in nebeneinanderliegende Zimmer.

Auch Uschi hatte begeistert auf meinen Auftritt reagiert. Sie lud mich sofort ein, in Augsburg bei einem Seminar von „Mamazone" zu tanzen. Durch Uschi und den Verein „Mamazone" bekam ich einige der ersten Tango-Auftritte, die ich später dann auch mit Lesungen verband. Anfangs hatte ich noch

keinen festen Tanzpartner und organisierte mir meine Tänzer per Telefon. Ich erkundigte mich in der Tango-Szene der jeweiligen Stadt nach einem guten Tanguero, der vielleicht Lust hätte, mit mir aufzutreten. Ich hatte einiges zu lernen! Einmal tanzte ich mit einem jungen Mann, der mein Sohn hätte sein können. Ich hatte vergessen, am Telefon nach seinem Alter zu fragen. Ein kleines Dilemma, denn ich wollte ja vermitteln, dass ich als Frau mit Krebs und Frau mit nur einer Brust auch für einen Partner immer noch attraktiv war – ich wollte nicht vermitteln, dass mich vielleicht nur noch mein Sohn attraktiv finden würde! Das Organisieren von Tanzpartnern per Telefon war anstrengend und brachte mich in Stress, da wir ja meistens noch nie vorher zusammen getanzt hatten. Einmal traf ich mich mit einem „Telefontänzer" ein paar Wochen vor dem Auftritt auf einem Autobahnparkplatz, weil ich gerade auf der Durchreise war, und wir probierten auf dem Asphalt ein paar Tänze aus. Die Musik lieferte der Kassettenrecorder meines Campingbusses. Solche Situationen machten mir zwar Spaß, aber insgesamt war der Stress größer als das Vergnügen.

Dann hatte ich einen Auftritt in Freiburg. Ich tanzte zur Eröffnung einer Ausstellung zum Thema „Brustbilder". In Freiburg kannte ich alle Tänzer und ich fragte Miguel, ob er Lust hätte, mit mir aufzutreten. Miguel, der damals mit mir die Abschiedsphotos von meiner Brust gemacht hatte, war in den letzten Jahren in der Tangoszene sehr aktiv geworden, und wir hatten sogar schon einen Kurs „Tango Argentino und Alexander-Technik" zusammen unterrichtet. Nun begann wieder eine neue Phase unserer Freundschaft: Soweit es Miguel beruflich möglich war, wollte er die Auftritte mit mir zusammen tanzen. Endlich konnte ich gemütlich mit einem Tänzer proben, wir konnten uns über die Auftritte Gedanken machen und ich kam nicht mehr in den „Telefontänzer-Stress". Trotzdem wollte ich keine choreographierte „Show" aus meinem Auftritt machen, sondern weiterhin improvisieren.

Im Salon-Tango gibt es eigentlich keine „vorgeschriebenen Formen" oder „Schritte", sondern der Tänzer führt, und die Tänzerin reagiert auf diese Führung. Das heißt, ich als Frau weiß nie, welche Schritte mein Tänzer führen wird, und mein Tänzer weiß auch nicht immer, wie ich auf seine Führung reagieren werde. Gerade das macht den Tango so faszinierend. Es ist eigentlich eine getanzte Unterhaltung.

Wenn wir jetzt auftreten, tanzen wir drei verschiedene Tangos, einmal einen eher schwermütigen, traditionellen Tango, dann einen Tango-Valz, der unserem Walzer-Rhythmus ähnelt und sehr gefühlvoll ist, und als letztes eine Milonga, eine schnelle und lustig-heitere Version des Tangos.

Jeder Tango-Auftritt ist für mich ein Fest, bei dem ich das Leben und die Liebe zu meinem veränderten Körper neu zelebriere. Ich bin glücklich und dankbar, dass ich tanzen kann. Es ist inzwischen keine Selbstverständlichkeit mehr für mich, denn ich weiß nie, wie lange mir dies noch möglich sein wird. Für jedes dieser „Feste" male ich mir eine neue Blume auf die Brust – und jedes Mal wird die Blume ein wenig anders. Anfangs dachte ich, dass ich mir die Blume unmöglich selber malen könnte, aber ich übte zu Hause vor dem Spiegel, und mit jedem Auftritt werde ich ein bisschen sicherer und ein bisschen experimentierfreudiger.

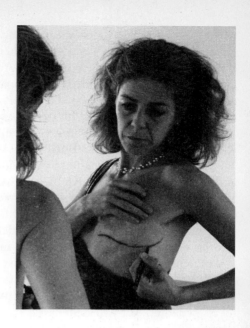

Das Malen ist für mich zu einem kleinen Ritual geworden. Ich schmücke damit immer wieder von neuem meine leere Seite und schreibe ein weiteres freudestrahlendes „Ja" darauf, denn die Zeiten dazwischen sind auch manchmal Zeiten der Trauer um meine verlorene Brust.

Mit großer Geschwindigkeit entwickelte sich mein Projekt „MammaTango"[23]. Ich begann eine Web-Site zu entwerfen, und das veranlasste mich, meine Gedanken über „Mamma-Tango" genau zu definieren. Mein Logo: „Mamma" lateinisch für „Brust" kombiniert mit Tango hatte ich schon seit langem im Kopf. Jetzt testete ich es in meinem Bekanntenkreis. Die Reaktionen waren unterschiedlich. Nicht-Betroffene assoziierten meistens eine „dicke schwarze Mama" in Verbindung mit Tango. Manche fanden das sympathisch, manche irreführend, manche seltsam. Aber fast jede betroffene Frau erkannte das „Mamma" aus ihrer Diagnose „Mamma Carzinom", der medizinischen Bezeichnung für „Brustkrebs". Einen Auftritt buchen würden meistens diejenigen, die den Begriff kannten, Kliniken, Tumorberatungsstellen, Frauengesundheitszentren oder ähnliche Einrichtungen. Jede Ärztin, jeder Arzt würde sofort wissen, worum es mir ging. Mein Homöopath war begeistert von dem Titel, er meinte, er beinhalte alles, was ich ausdrücken wollte, wie ein guter Name für ein neues Heilmittel.

„MammaTango" nahm immer klarere Formen an: Wenn ich tanze und aus meinem Buch vorlese, will ich Betroffenen Mut machen und Lebensfreude vermitteln, Frauen, die sich gerade mit der Diagnose Krebs auseinandersetzen und vielleicht gleichzeitig mit ihrem veränderten Aussehen konfrontiert werden. Ich merke auch, dass „von Brustkrebs Betroffene" nicht nur die Frauen selber sind, sondern auch ihre Partner, ihre Freunde und Freundinnen, ihre Kinder und alle, die sich von diesem Thema auf irgendeine Weise berühren lassen.

Ich will zeigen, dass wir „wegschauen" oder „hinschauen" können und dass das Hinschauen „Zuwenden und Annehmen" bedeutet. Ich will helfen, die Angst vor der Krankheit Krebs und vor dem veränderten Aussehen aufzulösen. Ich will Berührungsängste nehmen und einen positiven, lebendigen Umgang mit dem Thema Krebs schaffen, ein neues lebensbejahendes Licht auf diese Krankheit werfen, eine Atmosphäre schaffen, in der Menschen offen mit Krebs umgehen können und über Krebs reden, mit Krebs leben, Krebs annehmen und auch mit Krebs glücklich sein können. Krebspatienten müssen nicht die „bemitleidenswerten Außenseiter" unserer Gesellschaft sein. Ich will ein Tabu brechen, und ich möchte Frauen helfen, ihren roten Lebensfaden an dieser Stelle ihres Lebens wiederzufinden oder in der Hand zu behalten. Für mich ist der Tanz ein wunderschönes Mittel, dies auszudrücken. Tanzen ist schon immer meine große Leidenschaft gewesen. Im Tanz kann ich alles vergessen. Es existiert dann keine Zukunft und keine Vergangenheit mehr, keine Sorgen und kein Krebs, es gibt nur noch den Moment des Tanzes. Jede Zelle meines Körpers wird zum Tanz, in dem sich alles auflöst und zu Musik, Nähe und Bewegung wird.

Jede Frau hat ihren eigenen Tanz und ihren eigenen Weg, dies auszudrücken. Die Wege sind so verschieden wie die Frauen selbst. Es gibt ein wunderschönes Zitat aus dem 4. Jahrhundert nach Christus, das Aurelius Augustinus zugeschrieben wird, es lautet: „Oh Mensch, lerne tanzen, sonst wissen die Engel im Himmel nichts mit dir anzufangen". Ich würde das gerne allen Menschen sagen. Dabei bedeutet „tanzen" für mich nicht unbedingt „Tango zu tanzen", sondern es bedeutet: „Durch das Leben zu tanzen".

ICH TANZE MIT DEM LEBEN –
ICH TANZE MIT DEM TOD

Von Anfang an wollte ich meinen Krebs nicht totschweigen. Er gehörte zu mir und war ein Thema, das mich während der ersten Monate nach meiner Operation fast ausschließlich beschäftigte. Kurz nach der Diagnose merkte ich in meinem Bekanntenkreis, wie oft ich die Ängste der anderen erst einmal besänftigen musste, bevor ich überhaupt wieder ein vernünftiges Gespräch führen konnte. Für manche war das Wort „Krebs" so furchtbar, dass sie es nicht einmal aussprechen konnten. Ich kam mir dann wie eine Therapeutin vor, die die Ängste ihres Gegenübers erst einmal ans Licht bringen und helfen musste, sie zu verarbeiten, bevor wieder eine normale Begegnung möglich war. Manchmal war es mir fast zu viel: Ich war immer die Starke, die zeigte, dass man mit Krebs leben kann, und zwar sehr gut und manchmal sogar noch besser als vorher. Ich begann zu fühlen, dass der Krebs fast ein Privileg war, wie ein Erlebnis, das mich viele Schritte in meiner Entwicklung vorangebracht hatte. Durch ihn begegnete ich dem Leben mit einer anderen Hingabe, einer anderen Freude, einem anderen Bewusstsein. Manchmal fühlte ich, wie glücklich ich war, dies erleben zu dürfen.

Ich glaube, dass Angst und Abwehr verhindern können, ein solches Verständnis zu erlangen. Krebsbetroffene leben nicht selten die kollektive Angst der Gesellschaft aus. Wenn sie sich, zusammen mit den Ärzten, in den „blinden Kampf gegen den Krebs" verstricken, besteht die Gefahr, dass sie dabei ihren eigenen roten Lebensfaden verlieren. Durch den Krebs habe ich mich mit dem Tod auseinandergesetzt. Der Tod ist dadurch für mich zu einem Freund und Begleiter geworden, der mir das Leben bewusster und lebenswerter macht. Aber um mich herum sehe ich, dass er meist in Pflegeheimen und Krankenhäusern versteckt wird und am Ende nur die Abwesenheit einer Person bedeuten kann. Bizarrerweise wird der Tod oft auf einen Mangel an ärztlicher Kompetenz reduziert: „Er starb, weil die Ärzte nichts mehr für ihn tun konnten." Es klingt so, als ob das Leben dank der Ärzte besteht und der Tod eine Inkompetenz derselben ist. Manchmal entsteht dadurch das seltsame Bild, dass der Tod eigentlich nicht existieren würde, wenn es nur bessere medizinische Hilfe gäbe.

Ich habe es als eine besondere Ehre empfunden, im Hause meiner Schwiegermutter sein zu dürfen, als sie starb. Damals waren wir zu ihr gefahren, Tanja war noch ein Baby, und ich war gerade mit Charlotte schwanger. Ich erlebte wie ähnlich Geburt und Tod sind. Das Sterben ist oft ein Kampf, das Geboren-Werden auch. Sogar die weltlichen Formalitäten ähneln sich. Gerade hatten wir unsere erste Tochter im Rathaus „angemeldet"; nun gingen wir wieder ins Rathaus um unsere Mutter „abzumelden".

Wir haben in unserer westlichen Kultur keine ausgeprägten Traditionen mehr, die diesen Ereignissen einen Rahmen geben. Der Tod ist etwas geworden, das wir verdrängen. Natürlich sind Leiden und Tod schwer zu ertragen, aber sie sind gleichzeitig auch eine Bereicherung. Die Geschichte des Buddha oder Siddharta kommt mir dabei in den Sinn. Sie beschreibt eben gerade diese Konfrontation mit Leiden und Tod. Auch Siddhartha, der Königssohn, wird lange Jahre davor bewahrt, dem Leiden oder dem Tod zu begegnen. Er lebt wohl behütet innerhalb der Mauern des Palastes. Erst als er hinausgeht und auch mit dem Leiden, dem Alter und dem Tod – also dem Leben in all seinen Aspekten – konfrontiert wird, entwickelt er sein Bewusstsein. Nur dieses Bewusstsein führt ihn zu Erkenntnis und Erleuchtung. Unsere Gesellschaft verhindert manchmal diese Erkenntnis durch das „Überbehüten" vor allem Übel. Wir vermeiden das Schwierige, es ist ein menschlicher Zug, aber es gibt andere Kulturen, in denen das Alter, das Leiden und der Tod geehrt werden und nicht wie bei uns verachtet und gemieden.

Ich sehe ein Bild: Wir drehen uns in kleinen Hamsterrädchen, wir rennen und rennen, immer mit der Angst vor dem

Tod im Nacken, und wir rennen und rennen immer direkt auf den Tod zu, alle. Der Tod gehört zum Leben dazu, wir brauchen nicht zu rennen, wir können spazieren gehen, uns ausruhen, hinlegen, genießen, es ist egal, was wir tun.

In meinem Leben mit Krebs kann ich die Krankheit als eine Herausforderung annehmen, als einen Entwicklungsschritt oder als eine Gnade. Eine Gnade, weil sie mir die Chance gibt, vieles zu erleben und zu verarbeiten, was mir sonst verschlossen geblieben wäre. Ich bin der Angst, dem Schmerz, und der Verzweiflung auf eine neue Art begegnet. Vielleicht gibt mir der Krebs auch eine Chance, etwas im „karmischen" Sinn zu „erledigen". Wenn ich im Frieden mit mir bin, weiß ich, dass Krebs keine Strafe und auch kein körperliches oder seelisches „Versagen" ist. Viele große Heilige sind an Krebs gestorben. Dieser Gedanke hat mir am Anfang sehr geholfen, als ich das Gefühl hatte, dass ich an meinen Krebs irgendwie „schuld" bin.

Die Suche nach den Ursachen für den Krebs, die mich während des ersten Jahres so beschäftigt hatte, ist inzwischen in den Hintergrund getreten, denn die Kausalität „Ich habe Krebs, weil..." scheint hauptsächlich *die* Ebene zu betreffen, bei der es um das Überleben geht. Eine Ebene, auf der viele Ärzte und Therapeuten arbeiten, auf der das Sterben ein Versagen ist. Aber es gibt noch eine andere Ebene, auf der die Kausalität keine Rolle mehr spielt. Es ist die Ebene des Unerklärbaren, des Paradoxen, die ich auch zulassen muss. Irgendwo gibt es „mein Schicksal", eine Ebene, die ich nicht einsehen kann. Ich habe ein inneres Bild von dieser paradoxen Ebene als der „vertikalen Ebene", als meiner Beziehung zu Gott. Und der kausalen Ebene als der „horizontalen Ebene", als meiner Beziehung zum Menschsein. Diese beiden Ebenen schneiden sich und ich muss lernen, in ihrem Schnittpunkt zu leben, das heißt, ich muss lernen dieses Kreuz, diese Spannung auszuhalten.

In der Zeit nach der Operation, als ich manchmal verzweifelt war, las ich im Alten Testament „Das Buch Hiob". Hiob wird aus einer „Laune Gottes" heraus den schwersten Prüfungen unterzogen. Er wird diesen Prüfungen unterzogen, *weil*

Gott an ihn glaubt und weil Gott vertraut, dass Hiob seine Verbindung zu ihm durch nichts verlieren wird. Das Buch Hiob zu lesen half mir damals sehr. Ich weinte viel dabei, und gleichzeitig öffnete es mir das Herz und half mir, meine Situation wieder anzunehmen.

Erst mit den Jahren begann ich zu verstehen, warum ich nach der Diagnose nicht daran geglaubt hatte, durch ein „Wunder" geheilt werden zu können, obwohl ich doch eine tiefe Verbundenheit zu Gott spürte. Schon mit sechzehn Jahren hatte ich die ganze Bibel von vorne bis hinten gelesen um eine Antwort auf die Frage nach dem Sinn des Lebens zu bekommen. Danach hatte ich begonnen zu meditieren, immer auf der Suche nach einer Antwort. Später kamen dann die Erinnerungen an eine andere Welt, die mir jeden Zweifel daran nahmen, ob meine Suche richtig war. Danach brauchte ich nicht mehr zu *glauben*, ich wusste, dass das Leben nach dem Tod weitergeht. Ich versuchte mein Leben bewusster zu leben, ein „gutes Leben" zu führen und nicht den „Illusionen" dieser Welt, der „Maya", zu verfallen, aber oft „urteilte" ich über meine Lebensweise oder fühlte mich schuldig – besonders offensichtlich war das für mich bei meiner Sexualität gewesen. Es war schwer, sie mit meiner Spritualität zu vereinen. Inzwischen ist der Tango Argentino für mich ein Ausdruck dieses Balanceaktes geworden. Ich verstehe auch, warum ich nicht durch ein Wunder geheilt werden konnte: Es war der Krebs selbst, durch den ich das erste Mal meine tiefe Verbundenheit zum Diesseits spürte und realisierte, dass ich die letzten fünfundzwanzig Jahre mit meinem spirituellen „Streben" oft auf der Flucht vor dem Leben gewesen war. Ich hatte mich nach dem „Jenseits" gesehnt und war am „Hier und Jetzt" manchmal vorbeigelaufen. Ich hatte die Freude an meinem Leben auf dieser Erde nicht wirklich ausgefüllt, oder ich hatte sie mit einem schlechten Gewissen erstickt, wie zum Beispiel bei meiner Sexualität. Als ich meine Lehrerin, Irina Tweedie, zum letzten Mal sah, bevor sie starb, sagte sie mir: „Creation is God's Sexual Act." Es war eine Offenbarung für mich gewesen!

Indem ich das „Diesseits" annehme, muss ich „Gott" oder den „Sinn" nicht mehr in einer idealisierten „Spiritualität" suchen, ich muss ihn jetzt auch nicht mehr irgendwo „finden". Er existiert nicht mehr außerhalb von mir, sondern ruht in mir. Gott ist mein Leben hier auf der Erde. Mein Leben mit Krebs. Es gibt inzwischen auch nicht mehr „Ihn" und „mich". Die Dualität, die sich im Beten ausdrückt, löst sich immer wieder auf. Beten ist kein „Zwiegespräch" mehr, in dem ich um etwas bitte oder für etwas danke, es ist kein „verhandeln" mit Gott, sondern es ist ein Eins-Werden mit Gott. So wie mein „spirituelles Leben" und mein „materielles Erdendasein" Eins geworden sind. In mir ruht die tiefe Überzeugung, dass alles gut ist, so wie es ist, und ich begegne dem Leben mit mehr Demut. Ich nehme an, was mir gegeben ist. Der Krebs ist weder eine Strafe, noch ist er ein Ansporn mehr zu meditieren oder stärker zu glauben, sondern er ist in sich selbst mein Ja zum Leben, mein Ja zur Existenz und ich kann mein Leben *mit* Krebs lieben. Ich stehe nicht mehr unter dem Druck, dass ich „nie wieder Krebs bekommen darf": Ich will keinen „Kuhhandel" mit Gott, ich will keine Bedingung mehr stellen. Das ist eine wunderschöne Erkenntnis, eine bedingungslose Liebe zum Leben. Wenn ich mich in diesem Bewusstseinszustand befinde, weiß ich, dass ich keine Angst mehr zu haben brauche, denn für mich ist das Leben ein Tanz.

Manchmal ist es ein Tanz der Verzweifelten mit der Hoffnung. Ich drehe mich im Tanz des Lebens und aus der Verzweiflung wird Hoffnung und aus der Hoffnung wird wieder Verzweiflung und ich drehe mich weiter und weiter, bis ich merke: Es ist nur ein Tanz.

Es ist ein Tanz der Opfer mit den Tätern und der Täter mit den Opfern, bis ich merke, es ist ein großer Reigen, den wir zusammen tanzen, ohne die Einen gäbe es die Anderen nicht, bis ich mich entscheide einen anderen Reigen zu tanzen, denn es gibt unendlich viele Reigen!

Das Leben ist ein Tanz der Träume mit dem Wachbewusstsein. Des Unbewussten mit dem Bewussten. Der Seele mit dem Körper. Es ist ein Tanz der Liebenden mit dem Geliebten. Ein Tanz der Sehnsucht mit der Erfüllung. Ein Tanz der Freude mit dem Schmerz. Und in den Momenten, in denen ich alleine tanze, tanze ich mit Gott.

Jeder Mensch tanzt seinen eigenen Tanz. Ich sehe, wie sich die Reigen der Menschen berühren, ineinander verschlingen und sich wieder lösen, ein unendliches wundersames Muster, in steter Bewegung, in steter Veränderung. Und wenn ich dieses Muster betrachte, aus immer weiterer Ferne, dann sehe ich auch den Tanz des Diesseits mit dem Jenseits. Ich sehe, unser Leben ist nur ein Leben von vielen Leben, ein kurzer Tanz, ein winziger Schritt im unendlichen Tanz der Ewigkeit.

ANMERKUNGEN

1) Die Alexander-Technik ist eine ganzheitliche, körperorientierte Methode, die Integrität im Umgang von Körper, Geist und Psyche vermittelt. Leicht lesbar und informativ: Michael Gelb, „Körperdynamik", Ullstein 1999, oder Informationen über die Gesellschaft der Lehrer/innen der F. M. Alexander-Technik e.V. (G.L.A.T.), Postfach 5312, 79020 Freiburg, e-mail: glat-freiburg@t-online.de oder www.alexander-technik.org

2) Irina Tweedie ist seit 1988 meine Sufi-Lehrerin. Ihr Buch „Der Weg durchs Feuer", Ansata Verlag 1988, beschreibt ihre spirituelle Schulung mit einem Sufi-Meister in Indien. Ich hatte das große Glück, einige Jahre bei ihr in London zu ihren täglichen Meditationen gehen zu dürfen.

3) „A gentle Way with Cancer" – ein sanfter Weg mit Krebs, von Brenda Kidman, Century Publishing, London 1983, leider nur auf Englisch.

4) Kaffee-Einlauf wie ein normaler Einlauf, nur mit warmem Kaffee (1 El Bohnenkaffee auf $1/2$ l Wasser).

5) Zum Nachschlagen oder auch ganz Lesen: „Das Brustbuch", Dr. Susan M. Love, Karen Lindsey, dtv 1997. Sympathisch geschriebenes Buch von einer amerikanischen Gynäkologin. Als Informationslektüre sehr zu empfehlen.

6) Drei Jahre nach meiner Operation erfuhr ich von der netten Inhaberin eines Sanitätshauses, dass eine solche Falte für das Tragen eines BHs nicht nötig ist. Für die Chirurgen kann eine solche Hautfalte nützlich sein, wenn eine Frau sich zu einem späteren Zeitpunkt doch noch für einen Wiederaufbau der Brust entscheidet.

7) Eine Einführung in Bert Hellingers Arbeit ist z.B. „Anerkennen was ist" – Gespräche über Verstrickung und Lösung, Bert Hellinger und Gabriele ten Hövel, Kösel Verlag 1996.

8) Es gibt auch geruchlose Salben mit Zwiebel, die nach der Operation verschrieben werden können.

9) „Wieder gesund werden": Eine Anleitung zur Aktivierung der Selbstheilungskräfte für Krebspatienten und ihre Angehörigen.

O. Carl Simonton, Rowohlt 1982. Ein sehr gutes Buch mit Anleitungen und einer Kassette. Die Kassette ist hilfreich zum Entspannen und um Ängste zu beruhigen.

[10] „Leben! Ich hatte Krebs und wurde geheilt", Eva Maria Sanders, Heyne Verlag 1997.

[11] C. G. Jung, eine schöne Einführung ist sein autobiographisches Werk „Erinnerungen, Träume, Gedanken", Walter Verlag 2001.

[12] „Feuerzeichenfrau" von Julia Onken. Ein Bericht über die Wechseljahre, Verlag C. H. Beck 1998.

[13] „Lebenskünstlerinnen – Sieben Frauen / Ihre Erfahrungen mit Krebs", ein Videofilm von Gesine Meerwein und Katharina Gruber. Lebenskünstlerinnen e.V., Adlerstr. 12, 79098 Freiburg, e-mail: lebenskuenstlerinnen@t-online.de

[14] Der Stern, Heft Nr. 41, 7. 10. 1999.

[15] Ein sehr hilfreiches und positives Buch zu diesem Thema ist „Diagnose Krebs. Wendepunkt und Neubeginn", von Lawrence LeShan, Klett-Cotta, 2000.

[16] In dem Buch „Mut und Gnade" von Ken Wilber, Goldmann Verlag 1996, kommt das Dilemma bei der Suche nach den Ursachen auch sehr gut zum Ausdruck.

[17] Eine deutsche Gesellschaft, die viele Informationen zu ganzheitlichen Heilmethoden geben kann, ist die „Gesellschaft für Biologische Krebsabwehr", Postfach 10 25 49, 69015 Heidelberg, Tel. 0 62 21-13 80 20 und www.biokrebs.de

[18] Ein positives, angstfreies Buch für Patienten und Therapeuten zugleich ist das Werk von Dr. Karl-Heinz Braun-von Gladiß, „Krebskranke Menschen in ganzheitlich-medizinischer Behandlung. Eine persönlich geprägte Schrift über Behandlungsgrundsätze und -methoden, die sich für mich in der Praxis der Therapie krebskranker Menschen bewährt haben". Der Vertrieb erfolgt über den Autor, per Post, Dr. K.-H. Braun-v. Gladiß, Stofelweid 16, CH-9053 Teufen, Schweiz.

[19] In der Frauenliteratur zum Thema Krebs hat mich besonders der Artikel von Maria Zemp, „Krebs – eine Geschwulst der Drachin?" aus dem Buch „Krebs verstehen – neue Wege gehen" im Orlanda Verlag 1997 beeindruckt.

[20] Ein Mediziner, der sehr radikal, aber auch völlig angstfrei mit diesem Thema umgeht, ist Dr. Geerd Hamer. Er geht davon aus, dass

der Krebs ein „sinnvolles Sonderprogramm" ist. In seiner unorthodoxen Theorie, der „Neuen Medizin", führt er jeden Krebs auf ein Schockerlebnis zurück. Hamer schreibt sehr emotional, mit viel persönlichem Ärger über seine Kollegen. Geerd Hamer, „Krebs, Krankheit der Seele, Kurzschluss im Gehirn, dem Computer unseres Organismus. Die eiserne Regel des Krebs", Verlag Amici di Dirk 1989 oder, aktueller, aber sehr umfangreich „Vermächtnis einer Neuen Medizin", 1999.

[21] „Der Knoten über meinem Herzen" von Ursula Goldmann-Posch, Karl Blessing Verlag, 2000. Eine persönliche Geschichte, verbunden mit sehr viel schulmedizinischer Information, systematisch aufgebaut, auch zum Nachschlagen geeignet.

[22] Mamazone, Frauen und Forschung gegen Brustkrebs e.V., MDK – Postfach 31 02 20, 86063 Augsburg, Tel. 08 21/3 10 41 79, oder www.mamazone.de

[23] www.MammaTango.de für mehr Informationen zu meinem Projekt und info@MammaTango.de zum Buchen von Auftritten.